JN069400

これからの「学校」のあるべき姿を追究する III

# 指導と評価の一体化を実現する授業事例集

横浜国立大学教育学部附属横浜中学校 編

G学事出版

# はじめに

―カリキュラムマネジメントの核としての学習評価―

## ○これからのカリキュラムマネジメントと学習評価

　学習指導要領総則編では，各学校が教育活動全体を通して教科等横断的に育成を目指す資質・能力を言わば各校の〈共通目標〉として定め，これを軸に様々なステークホルダーを巻き込んで教育課程を動態化していく総合的な営みを，これからのカリキュラムマネジメントの肝として位置付けています。また，総則編の理念を分掌する各教科等編では，学習者がそれぞれの特質に応じた見方・考え方をふんだんに働かせながら考え，表現し，振り返る学習を通して主体的に〈教科等の目標〉にアプローチを図ることが目指されています。図1は，この〈共通目標〉と〈教科等の目標〉の実現を目指して取り組まれる生徒の学習活動を一次円，教師の教育活動を二次円とし，保護者の皆さん・地域・関係機関などの働きかけを三次円として構造化した概念図です。

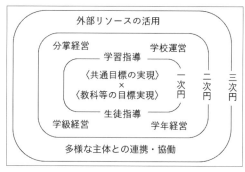

図1　カリキュラムマネジメントの構造

　こうした教育活動を想定する時，当然のことながら，私たちは教科等の学習指導と生徒指導，その基盤となる学級経営・学年経営，さらには校務分掌への取組などが実際に〈共通目標〉と〈教科目標〉の育成に結びついているかどうかを確かめながら様々な教育活動の改善を進めていく必要があります。そして，これらを確かめる上で必要不可欠なのが，教育活動に対する「評価」という営みであると言えます。私たちは，教科等の授業における目標，授業のもとになる単元や題材の目標を生徒たちが実現できているかどうかを確かめ，もし，不十分であるなら，授業の方法，単元や題材の内容を修正する必要があります。また同時に，学校としての〈共通目標〉の育成に貢献できているかどうかという視点からも，教育課程を振り返り，もし，問題があればカリキュラムを改善することが必要になります。

　図2は，教育活動の改善のために取り組まれている様々な評価活動の関係を図1との重なりを踏まえて表したものです。教育活動を総合的に改善していく重層的な評価活動の中核に位置するの

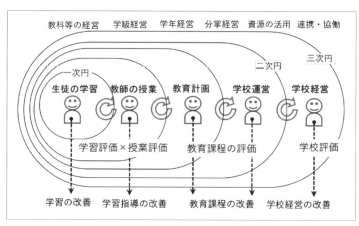

図2　学校における評価活動の関係

は，生徒の資質・能力の高まりを確かめる学習評価という営みに他なりません。学習評価というと，一般に学習活動の成果をテストなどで測って「成績を付けること」と捉えられがちですが，それは学習評価活動の中のほんの一部分にすぎません。学習評価とは，学習活動のプロセスや結果から得られる様々な情報をもとに，生徒は自身の学習活動を，教師は実施した学習指導やそのもととなるカリキュラム，それを取り巻くマネジメント行動を，それぞれが振り返り改善していくために欠くことのできない大切な教育活動であるといえます。学習評価を活用して授業やカリキュラムの改善に取り組むことは，学校の教育課程全体の改善に連動することであり，カリキュラムマネジメントにおける PDCA サイクルの核として位置付けられるべき営みであるといえます。

## ○学習評価に着目して学校のあるべき姿を追究する

　現在，本校では，カリキュラムマネジメントの核となる学習評価という営みに着目して「これからの学校のあるべき姿を追究する」ことを研究主題に据え，年度ごとの副主題を設定して実践的な研究に取り組んでいます。本主題での研究 3 年目を迎える2022年度は，「生きて働く［知識・技能］を育む指導と評価」という副主題を設定し，教科等の学習評価の観点のもととなる 3 つの柱のうち，［知識・技能］の獲得・更新という切り口から学習指導と学習評価の最適化を試みています。

　本校の教師たちは，「柔軟な思考力と行動力で，これからの社会をよりよく生きるための幅広い能力」という自校の〈共通目標〉を共有した上で，教育課程の扇の要である総合的な学習の時間とのつながりを考えて自身の〈教科等の目標〉の実現に迫る単元・題材をデザインし，それらを構成して年間指導計画を立案しています。本書では，上述の研究副主題に鑑み，その中から［知識・技能］の獲得・更新を促すことに着目した単元・題材を教科等ごとに紹介し，それぞれの特質を踏まえて生徒が知識を概念的に理解できるようになることや，技能を汎用的に活用できるようになることを目指す形成的な評価をどのように進めているか，それをどのように総括的な評価に生かしているかを提案しています。各実践者が，「知識・技能」の育成を切り口とした理論と実践の往還を通して，どのように教科等の経営を改善していこうとしているのか，本書と研究発表会を通じて，その具体的な姿をご覧いただければ幸いに存じます。

　また，そのことが生徒の思考・判断・表現のクオリティや，学習に取り組む際の主体性に，どのような影響を及ぼしているのか，さらには，学校としての〈共通目標〉へのアプローチにどのように貢献して得ているのか，ともに考え，ご議論いただきますとともに，忌憚のないご感想・ご意見をお寄せいただきますよう，よろしくお願い申し上げます。

　なお，今年度も本校の研究推進のために多くの方々からご指導とご助言をいただきました。学習院大学の秋田喜代美先生，文部科学省主任視学官の藤野敦先生，神奈川県・横浜市・横須賀市各教育委員会の指導主事，横浜国立大学教育学部の共同研究者の諸先生方に拙書の巻頭を借りて厚く御礼申し上げます。


　令和 5 年 2 月

横浜国立大学教育学部

附属横浜中学校

校長　松原雅俊

これからの「学校」のあるべき姿を追究するⅢ
# 指導と評価の一体化を実現する授業事例集

## 目次｜CONTENTS

横浜国立大学教育学部
附属横浜中学校

第 1 部

# 基本的な 考え方

※本書では，特に断りがない場合，次のように各資料を表記する。

| 本書での表記 | 正式名称 |
|---|---|
| 『学習指導要領』 | 文部科学省（2017）「中学校学習指導要領」 |
| 『解説』 | 文部科学省（2017）「中学校学習指導要領解説○○編」 |
| 『答申』 | 中央教育審議会（2016）「幼稚園，小学校，中学校，高等学校及び特別支援学校の学習指導要領等の改善及び必要な方策等について（答申）」 |
| 『報告』 | 文部科学省（2019）「児童生徒の学習評価の在り方について（報告）」 |
| 『改善等通知』 | 文部科学省（2019）「小学校，中学校，高等学校及び特別支援学校等における児童生徒の学習評価及び指導要録の改善等について（通知）」 |
| 『参考資料』 | 国立教育政策研究所教育課程研究センター（2020）「『指導と評価の一体化』のための学習評価に関する参考資料（中学校　○○）」 |
| 『令和の日本型学校教育』 | 中央教育審議会（2021）「『令和の日本型学校教育』の構築を目指して〜全ての子供たちの可能性を引き出す，個別最適な学びと，協働的な学びの実現〜（答申）」 |
| 『附属横浜中』(2020) | 横浜国立大学教育学部附属横浜中学校（2020）「新しい時代に必要となる資質・能力の育成Ⅴ　『学びに向かう力』を育む授業事例集」，学事出版 |
| 『附属横浜中』(2021) | 横浜国立大学教育学部附属横浜中学校（2021）「これからの『学校』のあるべき姿を追究するⅠ　資質・能力の高まりを支える学習評価」，学事出版 |
| 『附属横浜中GIGA』(2021) | 横浜国立大学教育学部附属横浜中学校（2021）「GIGAスクールを実現する 資質・能力の育成を支えるこれからのICT活用事例集」，学事出版 |
| 『附属横浜中』(2022) | 横浜国立大学教育学部附属横浜中学校（2022）「これからの『学校』のあるべき姿を追究するⅡ　指導と評価の一体化を実現する学びのプロセス」，学事出版 |

# これからの「学校」のあるべき姿を追究するⅢ
## ～「生きて働く[知識・技能]を育む指導と評価」～

## 1　研究主題の設定の趣旨

### （1）『学習指導要領』の全面実施の2年目を終え

　目前に令和5年度を迎えようとしている現在もなお，新型コロナウイルス感染症は収束の目処が立っておらず，Withコロナでの生活を余儀なくされている。感染症の拡大の影響で加速したGIGAスクール構想によって，義務教育段階のほとんどの学校において，児童生徒に1人1台端末での学習が実現されることになった。文房具のように端末を扱い学習を進める段階から，端末を用いていつでも莫大な情報源にアクセスできることが当たり前の環境として整いつつある。

　本校でも休校期間中にオンライン学習に取り組んだ。これまでの学校研究・授業実践の蓄積を生かしつつ，これまでの学びとICT活用の「ベストミックス」を図っていった。さらに，ICT環境を整備し「個別最適な学び」が実現できるようになる中で，それらが孤立した学びに陥らないように「協働的な学び」を一体的に充実させていくことを目指して実践を積み重ねていった。その他，生徒会活動や部活動，学校行事などでもICTを効果的に活用し，実践を積み重ねていった。上記の実践については『附属横浜中GIGA』(2021)を参照されたい。

　令和4年度は資質・能力の育成をゴールイメージとした教育課程の2年目であった。「何を学ぶか」というコンテンツ・ベースの教育から脱却し，「何ができるようになるか」というコンピテンシー・ベースの資質・能力を基盤とした教育の実現に向けて，本校でも「主体的・対話的で深い学び」の視点に立った授業改善から行っていった。これまでの学校研究の蓄積を生かしつつ，今年度も学習指導のさらなる充実を図り，評価方法や評価場面の工夫を組織的に行える体制が整えられるように取り組んできた。

### （2）本校の研究の歩み

　本校は令和2年度より学校研究主題を「これからの『学校』のあるべき姿を追究する」として取り組んできた。研究の過程では，まず，資質・能力を育成するために求められる「授業観」を明らかにした。さらに，これまでの「評価観」から，育まれた資質・能力を適切に評価し，生徒が学習の改善につなげたり，教師が授業の改善に生かせたりできるような「評価観」に転換し，指導と評価を一体的に考えていくことが大切であることを確認していった。

　昨年度は研究副主題を「指導と評価の一体化を実現する学びのプロセス」とし，学習のプロセス（過程）を充実させ，資質・能力の育成を試みた。研究を進める中で，次の2つのポイントが大切であると気付きを得た。

① 「学習指導」と「学習評価」を一体的に捉える

　教師は「主体的・対話的で深い学び」の視点に立った授業改善を図るために，生徒に資質・能力を育成する学習の課題や問いに加え，学習の方針や単元や題材の計画と評価の方針を本校では共有している。そのツールとして本校では学習プラン（以下「プラン」）を用いた実践を積み上げ，生徒と教師が単元や題材のまとまりの道筋を共有できるようにしてきた。学習の道筋と評価の方針を生徒と共有することによって，生徒も教師も育みたい資質・能力を明確にしながら授業に取り組むことができるようになった。これらは評価の『報告』にも課題として挙げられているような，「どのような方針によって評価を行うのかを事前に示し，共有しておくことは，評価の妥当性・信頼性を高めるとともに，児童生徒に各教科等において身に付けるべき資質・能力の具体的なイメージをもたせる観点からも不可欠であるとともに児童生徒に自らの学習の見通しをもたせ自己の学習の調整を図るきっかけとなることも期待される」ことについての解決に向けた手立てともなっている。

② 確かな評価観による「学習評価」

　昨年度は3観点による評価がスタートした年度でもあり，評価・評定に結び付くいわゆる総括的な評価の方法について困っているという声が県内の先生や全国の指導主事の先生方から多く聞かれた。「学習指導」と「学習評価」は一体的に考えることが大切であるため，まずは「評価＝成績」という狭義での「評価」の捉え方を改めるために，評価観を転換していくことを確認していった。『答申』では，「子供たちの学習の成果を的確に捉え，教員が指導の改善を図るとともに，子供たち自身が自らの学びを振り返って次の学びに向かうことができるようにするためには，学習評価の在り方が極めて重要」と示されており，「評価」が単なる学習の結果だけを意味するのではなく，教師の指導方法や学習の計画，さらには教育課程全体に関わることと示されている。また，「評価」は教師と生徒という立場によって意味合いが異なり，教師には適切な「評価」を通して確実に資質・能力を育成していくことが求められている。

（3）昨年度の成果と課題

　研究を進めていく中で上記にあるように学習のプロセスにおいて，資質・能力を育成することの大切さを改めて確認することができた。例えば，学習指導についてはプランなどを用いて生徒と見通しを共有しながら進めたり，評価については方法や場面など，評価の方針についても共有を図ったりして，評価の信頼性や妥当性を高めてきた。生徒自身に育成したい資質・能力と学習過程の具体的なイメージをもたせることで，目指すべき姿（ゴールのイメージ）に向けて，生徒自身が学習の調整を図るきっかけにつながった。一方，資質・能力のさらなる向上を図るためにも，生徒のがんばりを「認め・励ます」個人内評価を充実させる必要があり，教師からの意図的・計画的なフィードバックを通して，生徒が学習の改善に生かしていけるように努めていかなければならないという課題も見られた。

　また，生徒自身が学習の調整が行えたり，学習の調整の意義や必然性が感じられるような授業を計画したりしていく上でも，改めて「主体的・対話的で深い学び」の視点に立って授業改善を行い，「指導と評価の一体化」のさらなる充実を目指していくことを確認したい。

## （4）今年度の研究副主題の設定

　学習指導要領の改訂の2年目を迎えた今年度の副主題を考えていく際に，本校でも「主体的に学習に取り組む態度」をテーマとして研究を進めてはどうかという意見が出た。「主体的に学習に取り組む態度」の観点の指導と評価は，先生方の関心も高いキーワードであり，さらに本校の研究でも繰り返し発信してきた「評価観の転換」とも大きく関わるテーマとなる。しかし，この観点について授業の具体をもって提案していくためには，まず「知識・技能」「思考・判断・表現」の観点との関わりを先に明らかにする必要があるのではないかと考えた。『報告』では，「各教科等の『主体的に学習に取り組む態度』に係る評価の観点の趣旨に照らして，知識及び技能を獲得したり，思考力，判断力，表現力等を身につけたりするために，自らの学習状況を把握し，学習の進め方について試行錯誤するなど自らの学習を調整しながら，学ぼうとしているかどうかという意思的な側面を評価することが重要である。」と示されており，「主体的に学習に取り組む態度」と他の2観点との関連が明確に示されていることが分かる。

　『報告』では，「『思考・判断・表現』の評価は，各教科等の知識及び技能を活用して課題を解決する等のために必要な思考力，判断力，表現力等を身に付けているかどうかを評価するものである」と示している。また，ここでいう，「各教科等の知識及び技能を活用して課題を解決する」という過程について，「答申」では次の三つが考えられると整理され，各教科において求められる「思考力，判断力，表現力等」を育成していく上では，こうした学習過程の違いに留意することが重要であるとされている。

- ・物事の中から課題を見いだし，その問題を定義し解決の方向性を決定し，解決方法を探して計画を立て，結果を予測しながら実行し，振り返って次の問題発見・解決につなげていく過程
- ・精査した情報を基に自分の考えを形成し，文章や発話によって表現したり，目的や場面，状況等に応じて互いの考えを適切に伝え合い，多様な考えを理解したり，集団として考えを形成したりしていく過程
- ・思いや考えを基に構想し，意味や価値を創造していく過程

　つまり，「思考力，判断力，表現力等」を育成するためには，上記のような学習の過程が充実しても（充実しているように見えても），そこでの生徒の思考の過程において，育成した（い）「知識・技能」が活用されていなければならないことがうかがえる。

　さらに，「知識・技能」の評価について，『報告』では「各教科等における過程を通した知識及び技能の習得状況について評価を行うとともに，それらを既有の知識及び技能と関連付けたり活用したりする中で，他の学習や生活の場面でも活用できる程度に概念等を理解したり，技能を習得したりしているかについて評価する」ということが述べられている。よって，本校では3観点を関連させながら資質・能力を育成することを前提とした上で，まずは「知識及び技能」の育成を図るための「指導と評価の一体化」に向けた実践を積んでいくのがよいのではないかと考えた。

　以上の経緯から，今年度の研究副主題を「生きて働く［知識・技能］を育む指導と評価」とした。ここで言う「生きて働く」とは，各教科の中で閉じた資質・能力ではなく，本校の特色ある教育活動であるTOFYに代表されるような，実生活・実社会でも生きて働くレベルを意味してい

る。これは，令和元年度の研究を進めていく中で招聘した京都大学の石井英真先生に教授いただいた，「知っている・できる」レベルから，「分かる」レベル，そして，「使える」レベルまで「知識・技能」を高め，発揮させられるような授業をデザインし，単元や題材のまとまりの中で，「指導と評価の一体化」を実現させるという考え方に重なっている。このことについて，全国の先生方と授業の具体をもって一緒に考えていきたいと考えた。

## 2　今年度の研究の経緯

「生きて働く［知識・技能］を育む指導と評価」を目指した授業づくり

### （1）4月の研究会～これまでの学校研究とこれからの授業づくりについて考える～

　本校では月に1回，職員会議の時間とは別に「研究会」の時間を設けている。毎年4月の研究会では，着任した先生方と先輩職員がグループを組み，これまでの本校の研究についてや，授業での困り感，新たに取り組みたいことなどを共有してる。継続的に学校研究の質を保っていく上で，貴重な時間となっている。

　例えば，4月の研究会では次のような内容を共有している様子が見られた（**図1**）。

・評価することがゴールではなく，確実に資質・能力を育成するために評価を行うことが大切。
・学習の過程を大切にして授業をデザインし，学校というチームで同じ意識をもって取り組んでいくことが大切。
・生徒に学習の成果を実感（メタ認知）させるために，見通しと振り返りの充実を図ったり，自己評価と相互評価を意図的・計画的に取り入れたりしながら授業を行っていく。

　上記のように，学校研究や授業づくりに関わる対話の機会を年度初めに設けることによって，チームとして研究を進めていく土台作りになるだけでなく，自教科以外の先生方の授業の工夫なども共有することができる。さらに，それぞれの教科の特性についても共有することで，本校の特色ある学びであるTOFYを支える教科の役割なども確認することができる。また，今年度の副主題に挙げた「知識・技能」について，各教科の特性に応じた「知識・技能」観を共有することで，自教科の「知識・技能」について改めて考える契機となった。

図1　4月の研究会の様子

## （2）5月の研究会～国語科　柳屋教諭による提案授業～

　4月の研究会を経て，研究部による副主題を意識した授業提案を行った。3学年の国語の授業を通して，これまでの研究と今年度の副主題である「知識・技能」が生きて働く授業になっているかを中心に参観を行った。授業の詳細については，本書 p.15を参照されたい。

　本単元では，「知識・技能」における具体と抽象の関係などの「情報と情報との関係」についての指導事項を扱った。柳屋教諭は単元の中の，どの段階が「知識・技能」の発揮どころなのかを常に生徒に意識させ，「思考・判断・表現」する中で，時には情報の収集に立ち戻りながら学習を進めていけるように，生徒と常に学習の道筋を共有し授業を進めていった（図2）。資質・能力は言語活動を通して育成していくが，各観点においても，その資質・能力が発揮される場面を意識して学習に臨むことができることが大切であるということを，実践を通じて確認できた。

　また，柳屋教諭は本単元の「知識・技能」を「具体と抽象など情報と情報との関係について理解を深めている」とし，その具体と抽象の関係について，理解している具体的な姿を表出させるために思考ツールを活用した（図3）。参観している教師は，この思考ツールに整理された具体と抽象の情報が，「思考・判断・表現」する中で適切に働いているかを中心に見ていった。授業後に実施した生徒インタビューで，ある生徒は「自分の考えを伝える際に，聞き手にとって身近な具体例を用いて話をしようとしたときに，この思考ツールで整理した具体と抽象が役に立った」と述べ，また，ある生徒は「聞き手に納得感をもってもらうプレゼンテーションの構成を考える際に，具体的な視点から抽象的な視点でまとめるかどうかや，具体的な情報と抽象的な情報のバランスを考えて構成を考えるときにこの思考ツールが役立った」と述べている。いずれもここでの「知識・技能」の整理が「思考・判断・表現」する過程の中において，学習の調整を図る

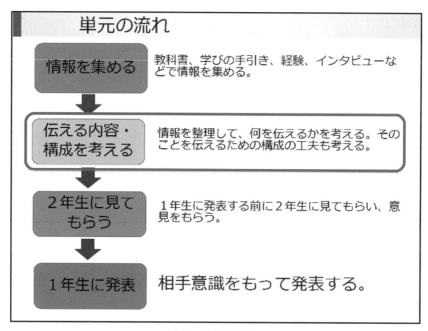

図2　学習の道筋

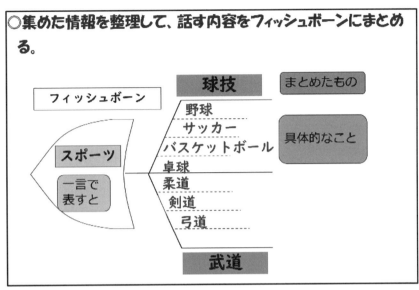

図3　思考ツールの活用

上で重要な役割を果たしていることが分かった。

## （3）「指導と評価の一体化」を目指したモデレーション

　本校では，評価について，教科内で検討する機会だけでなく，夏季の研修会で TOFY（総合的な学習の時間）の評価をする際のモデレーションを行う機会がある（モデレーションの詳細は昨年度の書籍『附属横浜中学校（2022）』を参照されたい）。本授業のモデレーションでは，学習の過程における「知識・技能」について形成的な評価を行った。評価する際は特に B 規準を満たす具体的な姿について共有を図った（本書 p.16を参照）。生徒が思考ツールを用いて整理した情報について，学習の課題に即して整理しているか，または「思考・判断・表現」をする際の助けになるかどうかを質的に評価していった。例えば，ここでの「知識・技能」の A 評価については，B 規準の具体的な姿に加え，整理した情報に順位付けをしてプレゼンテーションに生かそうとしたり，説得力が増す情報を中心に再整理を行ったり，これまでの学習を生かして相手に説得力をもって発信するために具体と抽象をキーワードに構成を考えようとしたりしているものなど，多様な表れが見られた。また，C 評価については，B 規準を満たすために「教科の学習を通して得られるメリットについて，もう少し日常に生きてくるという視点で書きましょう」や「具体的に多くのことが書けていてよいですね。つまりそれらをまとめるとどのようなことが言えそうですか」など，情報と情報との関係に着目して，学習を改善するための具体的なフィードバックについて検討できた。

　本授業でのモデレーションを通じて，ある教師は「他の教科の「知識・技能」についてモデレーションを通して一緒に考えることは自身の教科の授業改善にも生かせると感じた。自身の教科は内容教科なので，「知識・技能」が育成されたかどうかは分かりやすいと思っていたが，国語のような抽象度が高い評価規準を用いて，資質・能力が育成されたかどうかを評価するには，B

の評価規準を通して具体の姿を事前にイメージしておかなければならない。この発想は自身の教科で「知識・技能」が「思考・判断・表現」する中で生きて働いているかどうかを考えていく際に大切な視点になると思うので，日々の授業に生かしていきたい」と感想を述べていた。

　また，授業者の柳屋教諭は成果と課題について次のように述べている。

---

　「知識や技能が生きて働くとはどのような状態か」を考えて授業を構想した。授業実践や他の先生との議論を通して，その状態とは，学習課題の解決に向けて思考・判断し表現する中で身に付けた知識や技能を活用している状態であると考えるに至った。そこで今回は，教科の学習に大切なことを1年生にわかりやすくプレゼンテーションするために，自分の主張と集めた情報や，その情報と情報との関係を考えさせ，思考ツールを用いてまとめさせた。

　思考ツールを用いることで生徒は自分の考えを可視化させて情報を整理していた。可視化することでそれぞれの情報と情報との関係についても考えやすくなっていた。また，思考ツールは思考の過程も可視化する。主張（抽象）を書き，それを支える説明や事例（具体）を書く生徒もいれば，説明や事例（具体）を先に書き主張（抽象）を後に書く生徒もいる。具体と抽象を行ったり来たりしながら，生徒たちはプレゼンテーションの構成や内容を考えていた。このような生徒の思考の過程が表れる思考ツールを効果的に用いることは教師が評価する際にも役立つものであると考える。

　一方で評価規準を基にB規準を達成している姿を具体的にイメージすることに難しさも感じた。当たり前であるが身に付けた知識や技能の活用の仕方は生徒によって異なる。B規準が達成された姿をどのようにイメージするのかについては，今後も研究を続ける必要がある。研究会で行ったモデレーションを，教科を問わず行うことは評価の信頼性・妥当性を高めるために大切なことだと感じた。

　今回は「知識・技能」に焦点を当てて授業を構想することで，自分自身の「知識・技能」についての理解も深まった。例えば，生徒は具体から抽象という順で思考するだろうと考えていたが，実際の思考の仕方は様々だったり，振り返りではこちらが想定していた以上に具体と抽象の関係について深く考えていたりする姿が見られた。事実的な知識や手続き的な技能を身に付けるだけではなく，実際に活用する場面を設けることで様々な場面で生きて働く知識や技能を身に付けることにつなげることが大切であると考える。

---

## 3　成果と今後への課題

　今年度は「生きて働く［知識・技能］を育む指導と評価」を研究副主題として研究を進めた。三観点が関連しながら学習が進む中で，「知識・技能」をどのように指導し，どのように評価していくか，そして，「思考・判断・表現」との関連の中で生きて働いているかどうかなどを明らかにすることを試みた。その中で次のような成果と課題が見えてきた。

### （1）「知識・技能」が生きて働く具体のイメージ

　副主題を設定した経緯の中でも述べたが『報告』では，「知識・技能」は他の観点から切り離して指導・評価するものではなく，「思考・判断・表現」などと一体的に考えていく必要がある。

例えば，ある教師は本書の音楽の授業実践（pp.78-79）を参観し，「この題材で育成したい知識が，学習の課題であるリコーダーのアンサンブルの工夫にどのように生かされているかを見ることができた。さらに，アンサンブルを通して表現したいことを実現できるように技能が発揮されているかなど，自分たちで何度も確認しながら調整している姿が見られた。また，上手くいかない時には知識（音色や響きと奏法の関わりについてや，アーティキュレーションなど）の確認を再度行っている姿が見られた。まさに，ここで育成したい「知識・技能」が「思考・判断・表現」する中で実現され，さらに学習を調整していく中で二つの観点が往還している様子が見て分かった」と述べている。これは「知識・技能」が生きて働いている具体のイメージの一つであると言える。

　本校の文化の一つとして，いつでも気軽にお互いの授業を見合える環境がある。このような学校文化があるからこそ，自分の教科の授業観や評価観では気付けない教師の発見があるように思う。今年度の副主題で扱った「知識・技能」を質的に評価する上でも同様である。授業提案や日々の授業参観を通して他教科の評価の具体に触れ，各教科の質的な評価の改善につながった。これからも単元や題材で育成したい資質・能力を明確にし，学習活動を通したB規準の具体的な姿を明確にした指導と評価の計画，授業のデザインを行っていくことが大切であることが成果として確認できた。

### （2）「指導と評価の一体化」を実現するフィードバックの重要性

　総則では学習評価の充実に向けて，「生徒のよい点や進歩の状況などを積極的に評価し，学習したことの意義や価値を実感できるようにすること。また，各教科等の目標の実現に向けた学習の状況を把握する観点から，単元や題材など内容や時間のまとまりを見通しながら評価の場面や方法を工夫して，学習の過程や成果を評価し，指導の改善や学習意欲の向上を図り，資質・能力の育成に生かすようにすること」と明記している。つまりこれは「目標に準拠した評価」と「個人内評価」の両方を充実させながら指導と評価にあたることが大切であると言い換えることができる。また，「OECD生徒の学習到達度調査2018年調査（PISA2018）のポイント」によると，国語の授業における評価結果のフィードバックについて次のようなデータがある（図4）。これを見ると授業の雰囲気が良好である指標はOECD平均を大きく上回っていることが分かる。また，教師の支援についての指標も平均を上回っていることから，授業の雰囲気がよい中で教師からの支援があると生徒は認識していることが分かる。一方で，教師のフィードバックに関する生徒の認識の指標はOECD平均を下回っている。この調査結果は国語の授業における結果だが，はたして国語の授業だけが抱える課題なのだろうか。総則にも改めて示されたように，生徒へのフィードバックは「目標に準拠した評価」だけではなく，生徒の学習の状況を「認め・励ます」個人内評価も充実させていくことが重要になると言える。また，これらのフィードバックはある教師だけが熱心に取り組んでいくだけでなく，チームとして継続的に行い，生徒一人一人が自分の良さや課題について気が付ける機会があると実感できるようにしていかなければならない。今年度の提案授業のモデレーションでは，課題がある生徒に対するフィードバックを中心に考えを共有してきた。これからもチームとして，さらに一人ひとりに寄り添って指導・評価し，効果的なフィードバックの方法等を考えていきたい。

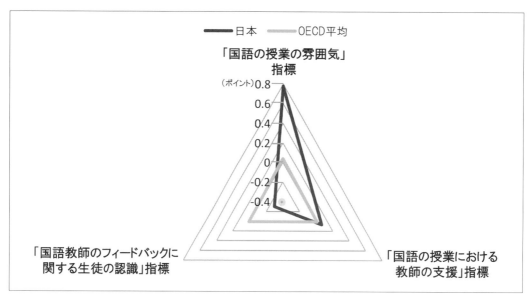

図4　国語の授業に関する調査

　以上のように，本校の学校研究では，成果が見られたと同時に課題も見られることが分かる。今年度は3観点の関わりの中から「知識・技能」の指導と評価を中心に見てきたが，さらにこれらを「思考・判断・表現」の指導と評価に生かし，これからの授業実践を行っていきたい。その実践の中では改めて，資質・能力が育成されたB規準の具体の姿を事前にイメージし，指導と評価を繰り返す中で，資質・能力の育成に寄与するフィードバックや，「学びに向かう力，人間性等」にも関わる「個人内評価」を充実させるように努めていきたい。

　今後も全国の先生方と一緒に日々の授業実践や評価について考え，目の前の生徒の資質・能力を育成する手助けとなるような発信をこれからも行っていきたい。

プロセス重視の学習指導案

# 国語科　学習指導案

横浜国立大学教育学部附属横浜中学校　　柳屋　亮

本単元（題材）で，目標となる指導事項について，『参考資料』における「内容のまとまりごとの評価規準」の考え方等を踏まえて本単元（題材）の評価規準を作成する。なお，「単元（題材）の目標」を兼ねるものとして扱い，重複を避けるため「単元（題材）の目標」という項目は設けない。

1　対象・日時　　3年A組　令和4年5月30日（月

2　本単元で育成したい資質・能力（評価規準）

| 知識・技能 | 思考・判断 | |
|---|---|---|
| ①具体と抽象など情報と情報との関係について理解を深めている。 | ①「話すこと・聞くこと」において，多様な考えを想定しながら材料を整理し，伝え合う内容を検討している。<br>②「話すこと・聞くこと」において，自分の立場や考えを明確にし，相手を説得できるように論理の展開などを考えて，話の構成を工夫している。 | ①粘り強く自分の立場や考えを明確にして相手を説得できるように話の構成を工夫し，学習課題に沿って1年生に向けてプレゼンテーションしようとしている。 |

本単元（題材）の内容に関する説明を，その単元の意義や生徒にとっての学びの必然性を踏まえて記載する。

3　単元「教科の学習に大切なことを1年生に向けてプレゼンテーションしよう―自分の立場や考えを明確にし，相手を説得できるように論理の展開などを考えて，話の構成を工夫する―」について

　本単元では，資質・能力を育成するために各教科（国語，社会，数学，理科，音楽，美術，保健体育，技術，家庭，英語）の学習に大切なことを1年生に向けてプレゼンテーションするという学習課題を設定する。

　3年生「話すこと・聞くこと」においては，多様な考えを想定しながら集めた情報を整理して伝える内容を検討し，自分の考えが相手に伝わるように話の構成を工夫することが求められている。そこで，本単元では自身で教科を1つ選び，教科書やワークシート，学びの手引きなどを基に情報を整理し，選んだ教科の学習に大切なこととして1年生に伝える内容を検討し，話の構成を工夫してプレゼンテーションを行うという学習課題を設定した。自分の考えを伝えるために必要な具体的な事例や説明を考えて伝える内容を検討したり，自分の考えを1年生に伝えるために具体的な事例や説明と意見の順番や説明の方法を工夫して構成を考えたりするなど，抽象的な情報と具体的な情報との関係について理解を深めたことを生かして，伝える相手を想定しながら話の内容や構成について考える力を育成していきたい。

4　生徒の学びの履歴

教科の本質を踏まえて，生徒のこれまでの学びと本単元（題材）との関連性について説明する（生徒の学びに対する教師の願いなども含める）。

　「話すこと・聞くこと」の領域の中でも特に「話すこと」の学習いおいては，1年次ではグループの中で自分の好きなものについてスピーチを行い，2年次ではクラス全体に向けてグループで中学生が学習するのにふさわしい文豪についてのプレゼンテーションを行った。これらの学習の中で生徒は自分の思いや考えに理由や根拠をもって話すことと相手を意識して話すことの大切さについて学んできた。また，情報と情報の関係については，3つの領域（「話すこと・聞くこと」「書くこと」「読むこと」）の学習を通して1年次では原因と結果，意見と根拠との関係について，2年次では意見と根拠に加えて具体と抽象の関係について学んできている。

　本単元ではこれまで学習してきたことを生かして自分たちとは異なる思いや考えをもつであろう1年生に向けて，具体的な情報と抽象的な情報を意識しながら納得できるような話の内容や構成を考えることにつなげたい。また，集めた情報を見返しながら，自分の考えを伝えるためにどのような具体的な説明をするのか，どのような情報を基に自分の考えを導き出したのか，自分の考えと具体的な説明・事例の順番や方法はなどどうすればよいかなどを考えるなど，周りとの交流を通して自分の考えを調整しながら自分の考えを深めようとする姿に期待したい。そして，TOFYの発表など様々な場面で話す相手を意識しながら内容を検討し，構成を工夫するなどして聞き手に自分の考えが伝わるように発表する力の育成を目指したい。

＜指導案－p.1＞

## 5 資質・能力育成のプロセス（6時間扱い）

| 次 | 時 | 評価規準<br>（丸番号は，2の評価規準の番号） | 【 】内は評価方法<br>及び<br>Cと判断する状況への手立て |
|---|---|---|---|
| 1 | 1 | 思①「話すこと・聞くこと」において，多様な考えを想定しながら材料を整理し，伝え合う内容を検討している。（○）<br><br>見開き（pp. 2-3）で，単元等における授業者の指導と評価，生徒の活動を概観できるように記載する。 | C：自分の経験や教科書やノート，学びの手引きなどを見返して，担当する教科の学習に大切だと思うことをマッピングするように促す。<br><br>「指導に生かす評価」の主な評価方法の具体として「観察」「点検」「確認」を使い分ける。「観察」「点検」は，机間指導などを通して評価規準が求めている行動や記述が行えているかを見取ったり，発問の妥当性など授業者の指導改善へとつなげたりするものであり，「確認」は評価規準に到達できているかどうかを個々のワークシートや提出物などから見取り判断するものである。<br><br>「記録に残す評価」は，「点検」「確認」を踏まえて，評価規準に照らして記述やパフォーマンスの質を吟味し「分析」を行うことが，主な評価方法である。 |
| 2 | 2<br>｜<br>5 | 知①具体と抽象など情報と情報の関係について理解を深めている。（○◎）<br>【Bと判断する状況の例】<br>集めた情報から導き出した自分の考えや自分の考えを説明する具体的な事例などを思考ツールにまとめている。<br><br>評価の観点と丸番号は，＜指導案ーp. 1＞の2「本単元で育成したい資質・能力（評価規準）」に対応して記載する。その際「知識・技能」の観点は，教科によってその特性に応じて，「知」と「技」に分けて表記する。評価規準の抽象度が高いと判断する場合，学習活動に沿ってより具体化した表現にする。特に国語科の場合は，「内容のまとまりの評価規準」がそのまま単元の評価規準となるため，「記録に残す評価」をする際に【Bと判断する状況の例】を示すこととする。なお本書籍の第2部「各教科の実践」では，丸番号は省略している。<br><br>集めた情報を整理し，自分の担当する教科の学習に大切なことを考えている。<br>思②「話すこと・聞くこと」において，自分の立場や考えを明確にし，相手を説得できるように論理の展開などを考えて，話の構成を工夫している。（○◎）<br>【Bと判断する状況の例】<br>自分の考えが伝わるように工夫して話の構成を考えている。<br>態①粘り強く自分の立場や考えを明確にし，相手を説得できるように話の構成を工夫し，学習課題に沿って1年生に向けてプレゼンテーションしようとしている。（○） | 【ワークシートの記述の分析】<br>C：自分が集めた情報を整理させ，導き出せる考えを問いかけたり，自分の考えが伝わる説明について考えさせたりして，自分の考えや具体的な説明を思考ツールにまとめるように促す。<br><br><br>【ワークシートの記述の分析】<br>C：自分の考えをまとめた思考ツールを基に，自分の考えを明確にし，どのような構成にすればその考えが1年生に伝わるのかを考えるように促す。<br><br><br>C：集めた情報を見返したり，交流を通して得た助言を生かしたりして，自分の考えが相手に伝わるような話の構成になるように促す。 |
| 2 | 6 | 態①粘り強く自分の立場や考えを明確にし，相手を説得できるように話の構成を工夫し，学習課題に沿って1年生に向けてプレゼンテーションしようとしている。（◎）<br>【Bと判断する状況の例】<br>伝効果的な学習評価が行えるように，指導に生かす評価（○）と記録に残す評価（◎）を区別して，整理している。<br>話の構成を工夫したりするときに心がけたことについて，自らの学習について振り返っている。 | C：集めた情報を整理して伝える内容を考える時に，どのように取り組んだか，自分の考えが相手に伝わるように話の構成を考えた時にどのようなことを意識したか，などと問いかけて自らの学習を振り返るように促す。 |

＜指導案ー p. 2＞

| 主たる学習活動 | 指導上の留意点 | 時 |
|---|---|---|
| ・学習プランと学びの手引きで単元の学習の見通しをもつ。<br><br>【課題】<br>教科の学習に大切なことを1年生に向けてプレゼンテーションする。<br><br>・担当する教科を決める。<br><br>本単元（題材）の中心となる学習課題や単元を貫く問題意識を□で囲んで提示する。<br><br>に大切だと考えることを一言で表す。<br><br>・同じ選択教科の生徒で交流し，教科担当の先生にインタビューする必要があればその内容を検討する。 | ・学習プランと学びの手引きを示し，学習の流れと育成したい資質・能力を確認する。<br>・発表方法については次のことを伝える。<br><br>・時間は5分　　　・発表は1人で行う。<br>・1教室5つのブースを作り，TPCを用いて行う。<br><br>・教科書やワークシート，学びの手引きなどを参考に担当する教科を学習する上で大切なことをマッピングさせ，考えを広げさせる。<br>・担当する教科の学習に大切だと考えることを一言で表してからマッピングさせてもよい。<br>・3時までにインタビューを行う時間をとる。 | 1 |
| ・集めた情報を整理し，プレゼンテーションの内容と構成を考える。<br><br><br><br>・考えた内容と構成について他教科を担当する生徒と交流する。<br><br><br><br><br><br><br>・PowerPointを用いてプレゼンテーション用のスライドを作成する。<br><br>・事前に2年生に発表を聞いてもらい，得た意見を基に発表内容や構成の修正を行う。 | ・集めた情報を整理し，プレゼンテーションの内容を思考ツール（フィッシュボーン）を用いて考えさせる。<br>・考えた内容を基にプレゼンテーションの構成を考えさせる。<br>・他教科を担当する生徒と交流させることで，多面的・多角的な視点で自分のプレゼンテーションを見直す契機とする。<br>・交流では具体的に説明した方がよいところやまとめたり，要約したりした方がよいところなど，説明の具体や抽象に留意して交流するように促す。<br>・自分の考えが伝えるために必要な情報を視覚的にわかりやすく示せるスライドを作成するように促す。<br>・2年生に事前発表をすることで，自分たちでは気付けなかったことに気付かせる。 | 2<br>｜<br>5 |
| ・1年生にプレゼンテーションを行う。<br><br><br>・単元の振り返りを行う。<br><br>【振り返りの視点】<br>1年生に伝える内容を考えたり，その内容が伝わるように話の構成を工夫したりするときに心がけたことはどのようなことですか。 | ・自分のクラスの教室で説明を受けた後，所定の場所に移動させる。<br>・発表時間（5分）にも留意させる。<br>・発表後，質疑応答を行わせる。<br>・本単元で育成したい資質・能力に関わることについて振り返りを行わせる。 | 6 |

<指導案－p.3>

## 6 学びの実現に向けた授業デザイン

【「学びに向かう力」が高まっている生徒の姿】
自分の考えとそのことを伝えるために必要な具体的な事例や説明との関係に着目して，自分の伝えたいことが聞き手に伝わるように話の内容や構成にについて粘り強く工夫して考えている姿

> 本単元（題材）を通じて「『学びに向かう力』の高まりがこんな姿で表出されると望ましい」と思える姿を書く。＜指導案－p．1＞の2における「主体的に学習に取り組む態度」に感性や思いやり等を加え，他の二つの観点との関わりを意識して設定する。ここで描かれる姿が本単元（題材）で実現を目指す姿（単元の目標）となる。

【「学びに向かう力」を高めていくための指導と評価の工夫】
〇観点別学習状況のあり方
1．「知識・技能」の指導と評価
　本単元では，「具体と抽象など情報と情報の関係について理解〔　〕
そこで，思考ツール（フィッシュボーン）を用いて自分の考えと〔　〕
事例や説明をまとめさせて，自分の伝えたいことをどのような事例や説明を用いてプレゼンテーションするのかを視覚的に理解しやすくさせる。そうすることで，自分の考えや伝えたいことがどのような事例や説明に支えられているか，またどのような事例から自分の考えを導き出したのかということに着目させ，具体と抽象の関係について理解を自覚化させる。評価する際には，自分の考えや伝えたいことが適切な事例や説明から導き出せているか，具体的な事例や説明が自分の考えや伝えたいことを伝えるのに効果的かといったことをワークシートの記述から見取る。

2．「思考・判断・表現」の指導と評価
　本単元では「多様な考えを想定しながら〔　〕料を整理し，伝え合う内容を検討すること」「自分の立場や考えを明確にし，相手を説得でき〔　〕

> 上記の「生徒の姿」の実現に向けた指導と評価の工夫を，観点別に1〜3に分けて記載する。本書籍理論編で整理した指導と評価の工夫を基に，教科の特質や学習課題に応じて具体的に説明している。

の2つの事項を目標に設定し単元構想を〔　〕
ゼンテーションするという学習活動を設定〔　〕〔　〕を想定しよう〔　〕話す内容を検討し，分かりやすい構成になるよう工夫することを意識付ける。
　思考ツール（フィッシュボーン）の情報を用いてどのようなことを伝えたいのかということ整理させて話す内容を考えさせる。そして，話す内容を整理した思考ツールを活用してどの順番でどのように説明すれば自分の伝えたいことが1年生に伝わるかといった話の構成について考えさせる。また，プレゼンテーションの内容や構成について他教科を担当する生徒と交流することで多面的・多角的な視点で自分の担当する教科について見直す契機にする。さらには1年生に発表する前に2年生に事前に発表を行い，意見を聞く機会を設けることで話の内容や構成について再検討させる。評価する際には，「知識・技能」で身に付けた具体と抽象の関係について理解を深めたことを生かして1年生を想定して話す内容を考えているか，伝えたいことが1年生に伝わるように構成を工夫しているかをワークシートから見取る。

3．「主体的に学習に取り組む態度」の指導と評価
　学習プランやスライド等を用いて単元の学習の見通しや流れを示し，生徒自らがゴールを意識して学習に取り組むことを目指す。また，場面に応じて同教科を担当する生徒や他教科を担当する生徒，他学年の生徒など様々な他者との交流する場を設ける。そうすることで，自分では気付けない説明の不足や構成の分かりづらさなどに気付き，聞き手に伝わる発表になるように工夫して話そうとする態度につなげていく。他者からの助言で加筆修正した箇所は文字の色を変えて加えたり，修正したりするなど視覚的にわかるように残すよう〔　〕

> 上記の「生徒の姿」を実現するために，ここでは言語活動の工夫について整理している。

強い取組や学習の調整の様子を見取〔　〕
〇言語活動を充実させるための工夫
　本単元の中心的な言語活動は1年生〔　〕
体と抽象の関係や話の内容や構成につ〔　〕
年生に事前発表をして意見を聞いた〔　〕

> 本単元（題材）の学習課題の解決に必要だと考えられる指導事項を，既習事項を含めて整理する。「学びを支える」という意味で授業デザインの最下段にまとめている。

【本単元（題材）での指導事項】　※（既習）は既習事項
・具体と抽象など情報と情報との関係について理解を深めること。　（3年　知識及び技能（2）ア）

> 本単元（題材）での学びが，総合的な学習の時間のどのような側面に生かされるのかを整理する。なお，それぞれの学びは往還によってより高まっていくものと考え，矢印を双方向で示している。

・目的や場面に応じて，社会生活の中から話題を決め，多様な考えを想定しながら材料を整理し，伝え〔　〕　　聞くこと　ア）〔　〕話の構成を工夫すること。　（3年　話すこと・聞くこと　ウ）

【本単元（題材）における，総合的な学習の時間（TOFY）とのつながり】
・本単元で身に付けた力は，集めた情報を**抽象化**して考えを導き出したり，自分の考えを**具体化**したりしながら自分の考えを**構造化**してTOFYレポートの作成や成果発表に生かすことができる。

＜指導案－p．4＞

# 探究課題の解決を通して資質・能力の育成を目指す 本校の特色ある教育活動「TOFY」について

## 1 本校の特色ある教育活動「TOFY」について

### （1）本校の総合的な学習の時間について

　本校の総合的な学習の時間では，TOFY（＝ Time of Fuzoku Yokohama）と CAN（＝ Career Aim Navigation）を位置付け，「TOFY・CAN による探究的な学習を通して，よりよい社会のあり方や自己の生き方について考えることができる生徒の育成」を目標に学習を行っている。学習活動においては，教科等を越えたすべての学習の基盤となる資質・能力と他教科で身に付けた資質・能力を往還しながら，探究課題の解決を通して総合的な学習の時間で目指す資質・能力を育成していく。その際，指導方法や指導体制，学習評価について学校全体で指導できるように，校内研修で指導内容の確認や学習評価のモデレーションを行ったり，職員反省を基に評価・改善を行ったりと工夫している。これらの内容については，グランドデザインを作成し，生徒や保護者とも共有するようにしている（図1）。

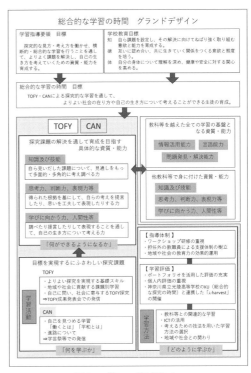

図1　グランドデザイン

### （2）1年生の「TOFY」

　1年次の TOFY は，2・3年次で行われる個人探究の基礎を築き上げる期間となる。そのため，前期で「課題の設定」「情報の収集」「整理・分析」「まとめ・表現」の4つの過程に沿って探究のプロセスの基礎を体験的に学習していく。そして後期では，前期で学習した基礎スキルを活用して自分たちが設定した具体的な課題を協働的に解決する学習を行っていく。

　前期では，情報を集めるために様々な方法があることを学んでいく。文献調査では，「紹介したい国」について，電子（インターネット）と活字（書籍）の両面から情報を集める活動を行った。その過程で，収集の手段によって得られる情報やメリット・デメリットを比較する姿や，実生活の中で見聞きして知っている知識や社会の授業で得た知識とつなげて考えたり，他の班の発表を聞いて国同士の相互関係を考えたりしている姿が見られた。このような姿を教師が見逃さず

に形成的な評価をしたり，今後の探究活動での方向性を示したりすることにより，知識・技能の獲得が単一に終わるのではなく，教科の枠を超えて統合されていったり，一般化して概念的に理解したりすることの重要性を感じるようになると考える。

　後期では，各教科の授業を受ける中から生まれた疑問や，もっと知りたいと思ったことなどを材料として，グループで課題を設定して探究活動を行う。本校では，その課題設定の際に3年生からアドバイスを受ける時間を設定している。自身の経験を踏まえた上で1年生が考えた課題設定に対して質問を投げかけてくれるため，悩みつつも適切な課題設定の方向性を絞り込んでいくことができている。そして，課題が決定した後には，その課題を解決するためにはどのような知識や情報を得る必要があるか，どのように調査をするか，検証するためには何をすべきか等をグループごとに計画を立てて進めていく。各教科での学びが充実しているからこそ，研究の過程で授業の学習プリントを見返す姿も見られ，学習のつながりが感じられる。

## （3）2年生の「TOFY」

　前期では，生徒は自らの疑問や興味・関心を顕在化させ，個人の探究活動のテーマを設定していく。後期からは，「人文社会」「科学技術」「健康科学」「芸術」の講座のいずれかに所属し，個々の探究活動を行っている。テーマ決定に向けた活動では，「曼荼羅チャート」や「5W1Hマップ」を用いて探究テーマについて他教科との関連性を意識させている。後の個々の探究活動では，様々な情報から必要な情報を取捨・選択し，各教科で身に付けた知識や技能を関連付けて課題解決を進めている。その際に，生徒は「校外活動計画書」「実験計画書」「アンケート結果報告書」（図2）「文献調査結果報告書」といったワークシートを活用し，情報を整理していく。これらには，多面的・多角的に研究内容を捉える資質・能力が求められる。各講座の教師は，生徒に対して「知識・技能」と「思考・判断・表現」のつながりを意識させている。これまでに身に付けた「知識・技能」から課題解決に必要なものを適切に活用できるように，取組の様子やワークシートから，必要な調査や実験をどのように実施すべきか，結果の分析は妥当か，発信の方法は適切かなどを確認し，その生徒に応じた指導を行っている。

図2　アンケート結果報告書

## （4） 3年生の「TOFY」各講座の取組

### ○人文・社会科学講座

### 「ロードキルを減らすための対策で私たちにできることは何か」

　生徒Aは，動物が道路上で自動車に轢かれて死んでしまうロードキルの現場に遭遇した経験から，ロードキルの件数をなくし，人間と動物の両者が心地よく暮らすためには何ができるのか明らかにしたいと考え，研究をスタートさせた。

　研究活動は文献調査をベースとして，アンケート調査，現地調査，学会への参加による情報収集を行い，自らの考察を加えていった。まず，文献調査より，ロードキル被害に遭っている動物の傾向としてタヌキやネコなどの件数が多いことを指摘した上で，その屍肉を求めて飛来してくるトビやカラスといった鳥類も二次的にロードキルに遭いやすい状況があることが分かった。ロードキルの二次的被害の件数を減少させるために，動物を轢いてしまった時の対応や緊急ダイヤルの存在を拡散させることがロードキル対策につながると整理した。

　次に，「緊急ダイヤルの認知度が低いのではないか」「そもそもロードキルという言葉の認知度が低いため，対策が周知されていないのではないか」という仮説を検証するために，本校の保護者及び生徒を対象にアンケート調査を実施した。その結果，「ロードキル」について，保護者における認知度は22％，目撃率は57％，生徒における認知度は35％，目撃率は34％ということが分かった。

　この結果を「比較する」ことを通して，ドライバーを含む保護者世代の人々に対して啓発活動を行う必要があると考えた。保護者世代の認知度が比較的低いことから「ロードキル」という文言を使わず，「野生動物の交通事故を減らすためには」という表記で啓発する方が効果的だと判断し，図3のポスターを作成，生徒・保護者向けに配信を行った。

　一方で，生徒Aは実際にロードキルが起きた現場にも足を運び，ロードキルが発生しやすい場所の傾向として，「街灯が少ない」「道路の両側に樹木や建物がある」などの要素があることを指摘し，現場で得られた情報を補強するために追加の文献調査も重ね，情報を「関連付ける」姿が見られた。また，学会に参加し，専門的な見地から，動物の習性を事前に知っておく必要性や警戒標識の効果に関する知見を得て，動物検知システムや自動車ライトの点灯を周知することでより注意力を高めることの意義を導き出した。

　生徒Aは，ロードキルの対策を普及させるために，ロードキルの認知度と目撃率の実態に即して，ロードキルの発生要因とその対策を「構造化する」ことを通して，啓発活動の対象と内容を定めることができた。今後は，啓発活動の実践及びその検証を行い，さらなる探究を行うことで研究の一層の深まりを期待したい。

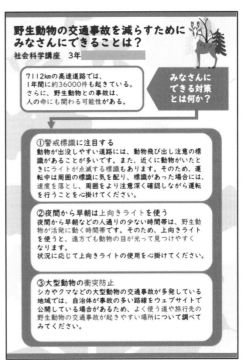

図3　作成した啓発ポスター

○科学技術講座

## 「Fy 普通教室において快適な温度を保てる，効果的な換気方法とは」

　生徒 B は，教室で行われている新型コロナウイルス感染防止のための換気について，窓を開けて換気した際の室温の低下や窓を閉めたときの $CO_2$ 濃度の上昇について問題を感じ，教室環境の安全性と快適さの両立を目指した換気方法を見つけたいという思いから研究を始めた。

　まず，空気環境に対する知見を深めるため文献調査を行った。文献調査では，現在利用されている換気の種類や教室内環境の指標より教室内における必要換気量についての情報を収集することができた。またそこで得た知見を基に大学の先生にインタビューを行い，情報の信憑性を高めるとともにより効果的な換気方法を探るための実験についてアドバイスをもらった。

　次に，得た情報を基によりよい換気方法を検証するため，模型での予備実験を行った。実験では，プラダンやアクリル板を材料に 1 ／20サイズで教室を再現し，ハンディファンで風を送り，取り付けたスズランテープの動きで気流の動きを確認する

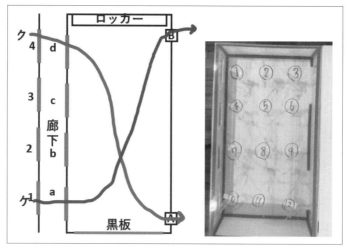

図4　模型実験

ようにした（図4）。この実験では，「開ける窓や扉」と「稼働させる換気扇」の位置の組み合わせを16パターン考え，それらを「比較する」ことでよりよい換気方法について探っていった。

　教室での換気実験では模型実験で一番効果のあったものを授業中に実際に試し，$CO_2$ 濃度・温度計の数値や生徒へのアンケート結果を基にその効果について検証していった。1回目の実験では，温度変化は抑えられたものの　$CO_2$ 濃度が上昇してしまうという課題が生じた。$CO_2$ 濃度の上昇は「開ける窓や扉」，「換気扇」の位置だけでなく，数も影響していると「理由付け」，再実験も行い，教師や生徒同士の対話が行われる授業中においても，より効果的である「教室の換気方法」について明らかにしていった。

　最後に生徒 B は，多くの人にこの換気方法の効果について知ってもらい実践してもらえるようポスターを作成し情報を発信し研究をまとめた（図5）。

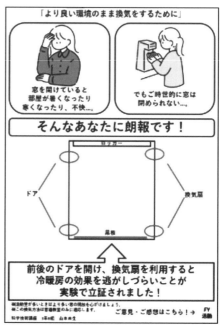

図5　作成したポスター

○健康科学講座

## 「多くの日本人女子中学生の体に合うトップスとはどんなデザイン・素材なのか」

　生徒Cは，以前友達とお揃いのトップスを購入したいと考えた時に，お互い似合う服が違って困ったことや小さい頃から肌荒れに悩んでいたことから，多くの人が体に合うといえるトップスを作成したいと考え，研究を始めた。

　まず，「体に合う」という言葉の定義づけを行った。デザインの面からは顔が明るく見えること・着太りして見えないこと・涼しく感じられること，素材の面から肌荒れが起こりにくいこととして，研究を進めていった。文献からは，パーソナルカラーや骨格タイプ，色の効果，素材の視点で調査をした。そこから，ベース色は白で柄の色は緑，柄はチェックでネックデザインはラウンドネック，袖は半袖が最適であると考え，また，皮膚科医の方へのインタビューから，素材はオーガニックコットン100％が最適であると仮説を立てた。

　これらの仮説を検証するために，実地調査やインタビューを行った。衣料品店の実地調査からは白やラウンドネック，さらにインタビューからは綿は人気であることがわかり，より説得力のあるものになった。その後，実際にトップスを製作するにあたって，ファッションデザイン専門学校の先生にインタビューを行った。夏は涼しさを演出できるギンガムチェックが最適で，甘辛ファッションというものが女子中学生に合うデザインだとわかった。アンケートを通して人気があるとわかったデニム生地の長ズボンには，可愛い印象を与えられるようなデザインのトップスが向いているとわかり，キャミソールをTシャツに重ねるデザインをお勧めしていただいた。これらのことを踏まえて，トップスの製作を行った。

　製作したトップスの検証実験では，「涼しく感じない」や「脱ぎ着がしにくい」，「夏の休日に着たいと思わない」という意見が多くみられた。そこで，Tシャツや柄の布を薄いものにしたり，伸縮性（ゴム）のあるものにしたりするなど，トップスを改善して2回目の実験を行ったところ，多くの人が納得できるものになった。（図6）また，見え方については，パーソナルカラーや骨格タイプが異なっていても，見え方に違いを感じない人が多いという結果になった。（図7）

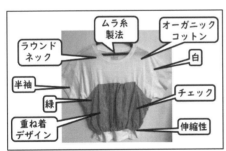

図6　2回目に製作したトップス

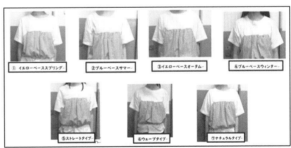

図7　検証実験の様子

　この研究では，文献調査やアンケート，インタビューなどで得られた結果を「関連付ける」ことで研究の方向性を見いだしたり，様々な方法で「多面的・多角的」に情報を集めたりしたことで，多くの日本人女子中学生の体に合うトップスを導き出すことができた。また，「見通し」と「振り返り」を繰り返し行い，条件を変えた実験を複数回行うことで，より信憑性のある結果へとつなげることができていた。

## ○芸術講座

### 「利用客の危険を防ぐ心地よい発車メロディとは何か」

　音楽と電車の好きな生徒Dは，電車の発車時にドアが閉まることを知らせ，多くの種類がある「発車メロディ」に着目し，どのようなメロディがドアを閉めることを知らせるタイミングに聞いていて心地よいのか，さらに音楽の力を生かし危険を防ぐことはできないのだろうかと考え，研究を始めた。研究の柱を大きく2つに整理し（図8），探究のゴールとして研究を生かした「発車メロディの作曲」を掲げ，見通しをもって取り組

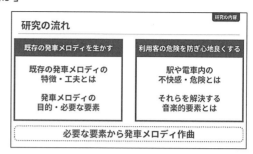

図8　研究の流れ（発表スライド）

んだ。発車メロディの比較の際には，音楽で学習している「音楽を形づくっている要素」をもとに分析し（表1）知見を得た。

表1　首都圏の鉄道会社で使用駅数の多い発車メロディの音楽的要素

| 曲名 | 製作会社 鉄道会社／使用駅数 | | テンポ | 構成 | | リズム | 調性 | 旋律の特徴 | 楽器 |
|---|---|---|---|---|---|---|---|---|---|
| Water crown | 東洋メディアリンクス | JR東日本／94駅 | ♩=117 | 伴奏なし | 3回反復 | すべて16分音符 | ハ長調 | コールアンドレスポンス | シンセサイザー |
| Gota del vient | 東洋メディアリンクス | JR東日本／86駅 | ♩=78 | 伴奏なし | 16回反復 | すべて16分音符 | ハ長調 | はじめの1音が変化する | シンセサイザー |
| Verde Rayo | 東洋メディアリンクス | JR東日本／50駅 | ♩=73 | 伴奏あり | 16回反復 | すべて16分音符 | ニ長調・変ホ長調 | 転調しながら下行 | シンセサイザー |
| 朝の静けさ | ティチク | JR東日本／32駅 | ♩=120 | 伴奏なし | 4回反復 | すべて8分音符 | 変ロ長調 | アルペジオ | シンセサイザー |
| スプリングボックス | ティチク | JR東日本／32駅 | ♩=103 | 伴奏あり | 2回反復 | 主に8分音符・4分音符 | ハ長調 | 下行 | シンセサイザー |
| 素直な心 | 不明 | 都営浅草線／不明 | ♩=66 | 伴奏あり | 2回反復 | すべて16分音符 | ハ長調 | 下行 | ピアノ |
| メロディー | 不明 | 都営浅草線／不明 | ♩=103 | 伴奏あり | 7回反復 | すべて8分音符 | ニ長調 | 下行 | ピアノ |
| 道はここから | 不明 | 東京メトロ／不明 | ♩=129 | 伴奏あり | 2回反復 | 付点8分音符・16分音符 | ニ長調 | 下行 | シンセサイザー |

　そして，横浜市営地下鉄ブルーライン（横浜市交通局）や作曲家の松澤健氏にご協力いただき，発車メロディが使用され始めた理由や採用の効果，発車メロディを作曲する際の工夫など，インタビューを行い情報の収集をした。それらを，文献調査やアンケートで得た知見（作曲法や工夫，人の気持ちと音楽の関係，ストレスについてなど）と関連付けながら（図9）作曲を行った。成果物（図10）は桜木町駅で実際に流していただき助言をもらった。多面的・多角的にテーマを捉えたり課題を分析したりしながら，粘り強く取り組みの成果をまとめ，発表することができた。

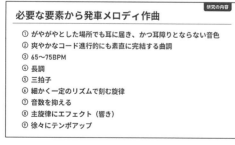

図9　発車メロディ作曲のための知見

図10　生徒D作品（成果物）

## 2　道徳教育における試み

### （1）今年度の道徳教育における取組

### ①支援が必要な生徒への手立ての工夫

　道徳では，「考える道徳」，「議論する道徳」の実現を目指し，「自己理解・他者理解・人間理解・自然理解」を深めていく。答えが一つではない道徳的な課題に対して，生徒一人一人が自分自身の問題として捉えて考えるために様々な工夫をしている。例えば，指導案の作成では，生徒のつまずきを想定し，具体的な声かけや考えを深めるための発問などを生徒の実態に合わせて考え，個に応じた指導ができるようにしている。授業では，ポートフォリオを活用し，学習を通して生徒自身が考えの変容を自覚できるように工夫したり，スクリーンと黒板を併用し，活用場面の検討を行ったりしている。また，多面的・多角的な視点で考えを整理するために，班での対話に加えて，ホワイトボードに考えをまとめて黒板に貼り出したり，机に置いて見て回ったりして考えを深めていく。その際に他者の意見から新たに発見された考えは色ペンで加筆していくことで，意見の共有の前後での考えが整理され，授業を振り返る際も自分の考えの変容が捉えやすくなる。

### ②学年職員による指導案作成

　今年度から学年職員でローテーションをして指導案の作成を行っている。そうすることで，道徳を通して目指したい姿を学年全体で共有することができ，多面的・多角的な視点から授業内容を考えることができるようになった。さらに，各教科や体験活動などと関連付けることにより，指導の効果がより高まったり，担当者の負担軽減や道徳の授業に対する意識の向上にもつながったりした。指導案の作成の際は，４月に学年ごとで割り振られた題材の原案を担当教員が作成し，学年職員で検討を行う。時間的な負担が増えないように付箋や口頭など，それぞれのタイミングで意見の共有を図る。日頃の生活と生徒の実態に合わせて授業が展開されることで，学年で育てていきたい生徒の姿の実現を目指した道徳の授業を行うことができている。

### （2）「特別の教科 道徳」の指導と評価の工夫

### ①指導の工夫

　生徒たちの考えを広げ深めるため，内容に応じて思考ツールを活用した。実際の授業では，スケールを活用し自分の気持ちに近いところに印をつけ仲間の考えや気持ちの変化を確認したり（図11），ベン図を用いてそれぞれの立場の考えを整理することで，多面的・多角的に考えられるようにしたりした。様々な考えが出てくる道徳の授業の中で，思考ツールを活用し考えを可視化することは，内容を整理しやすくするとともに，生徒自身が自らの考えを整理するのにとても有効な手立てである。また，発問の工夫をすることによって，生徒の考えを広げ深めることも可能である。具体的には，「導入時と結末時に同じ発問をする」「これまでの自分自身に置き換えて考えるような問いかけをする」「考えとその理由についてさらに問いかけたり，別の角度からの疑問を再度投げかけ

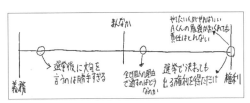

図11　スケールの活用

たりする」「違った立場の考えについてどう思う
か再度投げかける」などが考えられる。

　具体的な例として，３年生では，「D（22）
よりよく生きる喜び」において，学年で行っている
曼荼羅チャートに書いた自身の目標とつなげ，
「自分の掲げた目標を達成するために何が必要だ
と思いますか」という問いを授業の最初と最後に
考えさせた。授業で出てきた元広島東洋カープ黒
田選手の生き方を基に，「自分自身の信念を貫く
だけでなく，支えてくれている人たちに感謝しそれをしっかり伝え合うことで目標の達成に近づ
く」というような考えの深まりを実感できた生徒の様子も見られた（図12）。

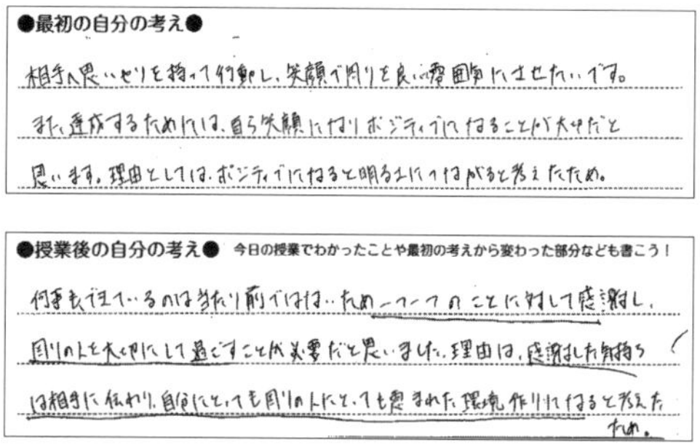

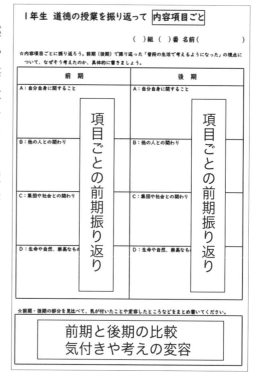

図12　３年生の記述

## ②評価の工夫

　評価は，ポートフォリオやワークシートの記述
の蓄積から，生徒の考えやその変容を見取ってい
く。日々の評価やフィードバックについては，毎
回提出されるポートフォリオの記述を確認し，大
切な気付きにアンダーラインを引いたり，成長を
価値付けられるようなコメントを記入したりして
いる。また長期的な視点に立った評価を行う際に
は，担任と副担任が協力しポートフォリオに蓄積
された記述を確認するとともに，前期と後期の学
びを比較できるワークシート（図13）を活用し，
一人一人の変容を見取り，所見を通し生徒たちに
フィードバックを行っている。このワークシート
は授業の中だけではなく，日常生活でもどのよう
な変化があったかが表出され，生徒が自らの成長
を自覚することにも大きく役立っている。

図13　前期・後期　振り返りシート

## （3）成果と課題

　今年度の成果としては，支援が必要な生徒への
手立ての工夫について，改めて考えられたこと
や，授業における話し合いを通して，生徒が自分の意見を伝えやすい環境づくりができたことが
挙げられる。また，指導案をローテーションで作成し，授業の内容について検討することで，学
校全体で道徳に取り組む姿勢ができたことも成果の一つであると考えられる。しかし一方で，授
業では生徒自身が道徳的な価値について理解を深められているが，それを日常に反映させること
は十分でないようにも感じられる。次年度へ向け，改めて学校カリキュラム全体の中での道徳の
位置付けを意識し，よりよい問いや学習方法について考えていきたい。

第 2 部

# 各教科の
# 実践

国語科
社会科
数学科
理　科
音楽科
美術科
保健体育科
技術・家庭科【技術分野】
技術・家庭科【家庭分野】
英語科
学校保健

実践例①〜③

# 1　本校国語科が考える「生きて働く［知識・技能］を育む指導と評価」

## ○「生きて働く［知識・技能］」とは何か

「生きて働く［知識・技能］」とは何か。国語科では，事実的な知識や手順的な技能を身に付けることだけでなく，それらを様々な場面で活用できる力と捉えた。身に付けた知識や技能を単元の学習課題の解決に活用できたり，他の学習場面や生活の場面で生かせたりすることができる姿が，目指すべき「生きて働く［知識・技能］」を身に付けた生徒の姿であると考えている。

## ○「生きて働く［知識・技能］」を育成するための指導と評価

「生きて働く［知識・技能］」を育むためには，［知識・技能］を他の観点と切り離して考えるのではなく，［思考・判断・表現］と関連付けて身に付けさせる必要があると考える。身に付けた知識や技能を生かして思考・判断し表現するような学習課題を設定したり，既習の〔知識及び技能〕を他の単元や領域の学習に生かせるように授業を構想したりするなど，〔思考力，判断力，表現力等〕と関連付けながら，活用できる知識や技能を育むように指導を行っている。評価する際にも，学習課題を解決する過程で身に付けた知識や技能を活用しているかに着目している。

また，現在の学習指導要領では，育成する資質・能力が3観点で整理さている。これによって，〔思考力，判断力，表現等〕の各領域のみならず，〔知識及び技能〕の指導事項を中心に据えて単元を構想したり，学習課題を設定したりすることも可能となった。例えば2年生では，〔知識及び技能〕「読書」の事項を単元目標の中心に位置付け，これと併せて〔思考力，判断力，表現力等〕「話すこと・聞くこと」の資質・能力を育む学習課題を設定した。なお，この具体的な実践については，後にある第2学年の実践を参照されたい。

# 2　知識・技能を生きて働かせる工夫

## ○単元構想

「生きて働く［知識・技能］」を育むために，次の2つの方法で単元構想を行った。（1）まず，〔思考力，判断力，表現力等〕の資質・能力を育成することを中心的な目標に定めて学習課題を設定し，それを解決する過程で活用できる〔知識及び技能〕の資質・能力を目標として定める。（2）先に〔知識及び技能〕の資質・能力を育成することを中心的な目標に定め，身に付けた知識や技能を活用して〔思考力，判断力，表現力等〕の資質・能力を身に付けられる学習課題を設定する。（1）の例としては，3年生「話すこと・聞くこと」の単元が挙げられる。この単元では，「話すこと・聞くこと」エを中心的な目標として定め，「総合的な学習の時間」で行った先輩の発表を聞いて評価するという学習課題を設定した。そしてその学習課題を解決する過程で情報の信頼性の確かめ方について学習し，「情報の整理」についての知識や技能を活用する場面を設定した。（2）の例としては1年生「書くこと」の単元が挙げられる。この単元では，〔知識及び技能〕「語彙」の事項を中心的な目標として定め，国語辞典や類義語辞典で様々な表現を調べる学習を行って身に付けた知識や技能を活用して，好きな食べ物について「おいしい」という言葉

を使わずに読み手にそのおいしさが伝わるように紹介文を書くという学習課題を設定した。

今後も〔知識及び技能〕と〔思考力，判断力，表現力等〕とを関連付けながら，双方の資質・能力を高められるような学習課題を設定した授業づくりを行っていきたい。

## ○思考の過程を可視化するワークシート

身に付けた知識や技能を活用して学習課題に取り組むことができるようにワークシートの工夫を行った。例えば，「表現の技法」を扱った単元では，表現技法がどのようなものであるかを理解するだけでなく，文章を書く際に表現技法を用いた理由や効果をワークシートに記述させるなど，身に付けた知識や技

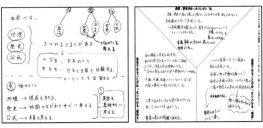

図1　考えや知識を図や思考ツールでまとめている例

能を言語化させる取組を行った。また，図や思考ツールを用いて身に付けた知識や技能を整理するなどの思考を可視化する取組を行った（図1）。

ワークシートを工夫することで，生徒が自分の考えや得た知識を整理しながら，学習課題や他の場面で活用する姿が見られた。また，教師にとっても生徒が身に付けた知識や技能が活用できるものになっているかに着目して［知識・技能］を評価することにつながると考える。

## ○評価場面・評価方法の明確化

〔知識及び技能〕と〔思考力，判断力，表現力等〕の資質・能力とを関連付けて育成すると，［知識・技能］と［思考・判断・表現］の評価場面・評価方法の境界線が曖昧にならざるを得ない。特に総括的な評価にあたっては，同じワークシート内の記述から［知識・技能］と［思考・判断・表現］の評価を行うということになり，生徒・教師双方にとって，学習上の成果や課題がわかりにくくなってしまう。

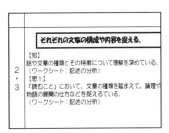

図2　学習プランの一部

そこで，［知識・技能］の評価場面と評価方法を明確にし，これらの情報を「学習プラン」で生徒と共有した（図2）。そして問いの工夫やワークシートの工夫を行い，学習課題の解決や他の学習などに活用できる知識や技能を身に付けているかどうかを評価した。

## 3　実践の成果と今後への課題

本年度の成果は身に付けた知識や技能を活用できる学習課題を考えることで「生きて働く［知識・技能］」の具体的なイメージができたことである。生徒の具体的な姿から「生きて働く［知識・技能］」を身に付けている状況について考えた。これによって，教師自身の［知識・技能］についての理解が深まるとともに，生徒が目標を実現できているかの判断がしやすくなり，その後の指導につなげることができた。また，［知識・技能］と［思考・判断・表現］を関連付けて単元や授業を構想することで双方の資質・能力が一体となって高まっていく生徒の姿も見られた。

一方，文法や漢字などについては学習課題や他の場面で活用できる生徒の具体的な姿が想像できず，Ｂ規準を設定することが難しく量的な評価に頼ってしまう場面があった。今後はこれらについても質的な評価をできる方法を探っていきたい。

# 国語科実践例①

## 1 単元を通じて実現を目指す「学びに向かう力」が高まっている生徒の姿

　立場や考えが異なることが書かれている複数の本を読み，読んで理解したことを基に自分の考えを確かなものにしている姿。

## 2 単元について

　読書は，国語科で育成を目指す資質・能力を高める重要な活動の１つである。１年生の生徒の中には，読書が好きな生徒もおり，休み時間に本を読む姿や友達同士で本を勧め合う姿が見られる。しかし，そのジャンルには偏りが見られ，その多くが小説である。自分の「知りたい」「分からない」を解決するための読書をしている生徒は少ない。また，総合的な学習の時間「TOFY」でグループ探究活動が始まったが，知識や情報を得るための読書に負担を感じてしまい，インターネットの情報に頼ったり，自分たちの仮説に合うものしか読まなかったりしている生徒も多く見受けられる。そこで，２年次から本格始動するTOFYの文献調査につなげられるような学習ができないかと思い，本単元を構想した。

## 3 「指導と評価の一体化」を目指した観点別学習状況のあり方

### （1）「知識・技能」の指導と評価

　本単元では，２年生の読書の指導事項である「本や文章などには，様々な立場や考え方が書かれていることを知り，自分の考えを広げたり深めたりする読書に生かすこと」を目標としている。生徒たちに様々な立場や考え方に触れさせるため，意図的に教師側でテーマの設定と選書を行うこととした。生徒には，単元の序盤でテーマに対する考えを記述させる。その上で，スキミングの手法の一つである「あらまし読み」を用いながら複数の本を読むことで，様々な立場や考え方を踏まえた考えの形成を図る。さらに「あらまし読み」後の考えを文章化させ，その考えと最初の考えを比較することで，自身にどのような考えの変容や深化があったのかを記述させる。この記述から知識・技能の学習の状況を評価していきたい。

### （2）「思考・判断・表現」の指導と評価

　本単元では，「文章を読んで理解したことに基づいて，自分の考えを確かなものにすること」を目標としている。教材として取り上げる筆者の見方を参考にしつつ，常識と呼ばれる考えについて，そのまま鵜呑みにするのではなく，自分の視点で捉え直させたい。自分の考えを確かにするためには，文章の内容や構造を捉え，解釈していくことが大切である。そのため，１次の教材文で主張は何か，何を根拠として導き出しているのかを「三角ロジック」（三省堂『現代の国語』巻末付録「読み方を学ぼう４」）を用いて整理していく。その学習の過程を経て，テーマに関する複数の本を読み，「あらまし読み」をしながら主張や事実，理由付けを「論証モデル」（松下，2021）を使用したワークシートに整理した上で，自分の考えを形成していく。その記述から，自分の考えを確かなものにするための思考の過程を評価していく。

### （3）「主体的に学習に取り組む態度」の指導と評価

　最初は漠然としていた自分の考えと粘り強く向き合い，複数の本を読むことや他者との交流をすることで，少しずつ変容や深化をさせたい。そのため，読書をして交流する過程でも，自分の考えを書いて交流する過程でも，自分の考えとの共通点や相違点を意識させた上で，なぜそのような差異が生じているのかをメモさ

せておく。そして，単元の最後に「自分の考えを形成する上で，複数の本を読んで得た情報をどのように活用しようとしたか」という視点で振り返らせ，その記述で評価していく。

## 4　授業の構想

1次で扱う「『不便』の価値を見つめ直す」の筆者は，固定観念に疑問を持ち新たな視点を投げかけている。このように，一見正しいと思えていることも視点を変えてみると，必ずしもそうではないという可能性に気づくことがある。この教材を導入で使用することで，本単元の学習課題である身の回りにある「固定観念」を疑うための読書の意味を生徒たち自身に感じさせたい。そして，三角ロジックを用いながら全体の要旨を捉えていく。このステップを踏むことにより，2次で読んだ本のそれぞれの筆者の主張や論の展開を捉えやすくなり，最初の自分の考えと比較して考えることができるようになると考えられる。

2次は，自分の考えを確かなものにするための読書を行っていく。前述したように，生徒たちは探究学習においても，自身が既に有している考えに近い本のみを選ぶ傾向があった。そのため，生徒自身にテーマを選ばせるのではなく，教師側でより様々な意見や考えに触れられるように意図してテーマを設定・提示する。その際には，対立する複数の意見があり，意見を対立構造の枠組みで整理しうるもの，生徒が興味をもちやすいもの，TOFYの講座に関連するものを選び設定した（**図1**）。

第3時では，まず，自身の知識や経験からテーマに対する自分の考えを記述させる。そして，テーマごとに，異なる立場で書かれている本，異なる意見が書かれている本を，学校図書館の司書とも連携して複数種類，複数冊ずつ選書し，これを生徒に提示する（**図2**）。選書や本の収集に当たっては，司書と協力するだけでなく，市内の図書館の取次サービスを活用する。

第4時と5時では複数の本を「あらまし読み」し，それらの主張を整理した後，第6時で自分の考えを記述させる。そして，その考えと最初に考えたものを比較し，思考の変容や深化は，書籍のどの部分からの影響なのか，なぜそのように考えるようになったのか等を整理させる。また，他者に説明して共有することで，より一層変容や深化を自覚できるようにさせたい。そして，単元の終了時には，これまでの経験や生活で当たり前だと思っていたり，漠然としたイメージだったりしたものが，異なる立場や考えが書かれている本を読むことを通して，自身の中で確かなものになっていったことを実感させたい。

多様な立場の人が異なる視点で考えを表出しているからこそ，読書をすることで自分の考えを広げたり深めたりしていける。自分にとって都合のよい読書ではなく，多様な本を手に取るきっかけになることを願う。

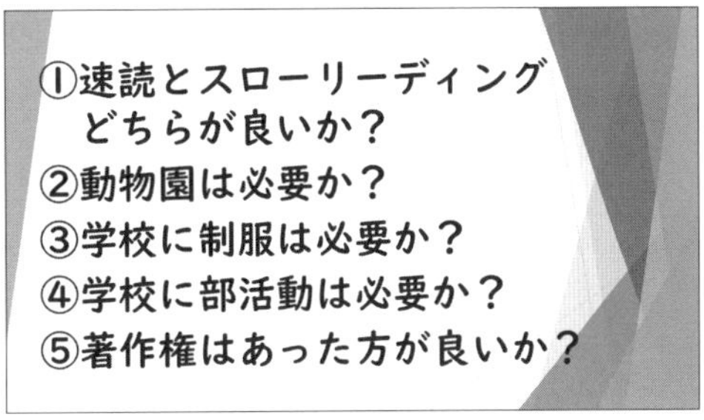


図1　教師が提示したテーマ

| | | |
|---|---|---|
| ② | ルポ　動物園 | ちくま新書 |
| | 生き物と向き合う仕事 | ちくま新書プリマー新書 |
| | 人と動物の関係を考える<br>：仕切られた動物観を超えて | ナカニシヤ出版 |
| | 動物園を考える<br>：日本と世界の違いを超えて | 東京大学出版会 |
| | 岐路に立つ「動物園大国」<br>：動物たちにとっての「幸せ」とは？ | 現代書館 |

図2　教師が提示した書籍リストの一部

### ●参考文献


1）牧恵子「あらましメソッド」「https://www.aramashi.online」

2）松下佳代（2021）『対話型論証による学びのデザイン』，勁草書房，p.58


（橋本　香菜）

[資料]　資質・能力育成のプロセス（7時間扱い）

| 次 | 時 | 評価規準（想定する「Bと判断する状況」） | 【　】内は評価方法<br>及び<br>Cと判断する状況への手立て |
|---|---|---|---|
| 1 | 1－2 | | |
| 2 | 3－6 | 思　「読むこと」において，文章を読んで理解したことに基づいて，自分の考えを確かなものにしている。（○◎）<br>【Bと判断する状況の例】<br>「あらまし読み」によって見出したキーワードやそれらのつながりを踏まえ，筆者の論理を論証モデルに整理している。また，自分の意見を支える根拠としてそれらを用いながら文章化している。 | 【ワークシートの記述の確認・分析】<br>C：要旨を捉える際に文章化が難しい場合は，キーワードをメモしながら読み，その中で特に大切だと思ったキーワードを中心に箇条書きにするように促す。その上で，共通点や相違点を探したり，納得できた部分はどこか，自分の考えに取り入れられそうな部分はないかを考えたりするように促す。 |
| | | 知　本や文章などには，様々な立場や考え方が書かれていることを知り，自分の考えを広げたり深めたりする読書に生かしている。（◎）<br>【Bと判断する状況の例】<br>複数の本を読んだことが，自分の考えを広げたり深めたりすることにどのように繋がったかを具体的に記述している。 | 【ワークシートの記述の分析】<br>C：最初の考えと今の考えを比較するように促す。そして，なぜそのような変容があったのか，読んでいるときにどのようなことを考えたのかを想起させる。 |
| 3 | 7 | 態　自分の考えを確かなものにするために，粘り強く必要な情報に着目し，読んで理解したことに基づいて，整理しようとしている。（○◎）<br>【Bと判断する状況の例】<br>単元を振り返り，本で得た情報を踏まえてどのように考えの形成に生かそうとしたのかを具体的に書いている。 | 【振り返りの記述の確認・分析】<br>C：これまでの読書の仕方と比較して，今回の読み方が自分の考えの形成にどのように繋がったのかを考えさせる。 |

| 主たる学習活動 | 指導上の留意点 | 時 |
|---|---|---|
| ・身に付けたい力と，授業の概要を確認する。<br>・教科書教材の「『不便』の価値を見つめ直す」を通読し，言葉の意味や形式段落を確認する。<br>・「不便益」という言葉の定義を押さえた上で，文章の構成を捉え，「主張」「事実・データ」「理由付け」の3要素をワークシートに記述する。<br>・ワークシートを基に，全体で要旨を確認する。 | ・この段階では，単元の概要に留める。<br>・これまでの学習を想起させながら，説明的文章の構成や段落の役割を考えさせる。<br><br>・三角ロジックを用いたワークシート作成する。<br>・既習事項の情報と情報のつながりを意識させながら整理させる。 | 1<br>｜<br>2 |
| ・学習プランと学びの手引きで本単元の見通しをもつ。<br>・教師が提示したテーマに対しての自分の考えを，ワークシートに記入する。<br>・学習課題を確認する。<br><br>【課題】<br>「一旦立ち止まって自分の考えを見直そう〜複数の本を読んで理解した情報を基に，自分の考えを確かにする〜」<br><br>・「あらまし読み」について以下を中心に確認する。<br>Ⅰ意味：通読するのではなく，拾い読みを行い，本の重要な所のみを厳選して読み進める読書術。<br>Ⅱ読み方：❶表紙や帯，目次等を読んで概要を捉える。<br>　　　　　❷序章を読んで箇条書きでまとめる。<br>　　　　　❸気になった内容の結論を読む。<br>　　　　　（分からなければ具体例を読む。）<br>Ⅲ注意事項：知らない単語が出てきたら辞書で引きながら読み進めること。<br>・ステップの❶と❷を同じ文章で体験する。<br>・テーマごとに選書された本を，1時間1冊読み，それぞれのステップにおいて，3〜4人班で適宜交流しながら本に書かれていることを読んだり，書かれていることを整理して共有したりしていく。<br>・本に書かれていたことを論証モデルのワークシートに沿って整理し，2冊の本の内容を踏まえて自分の考えを導き出していく。<br>・最初の考えと，本の内容を踏まえて導き出された自分の考えがどのように変容や深化したのかを文章化する。 | ・教科書教材と学習課題のつながりをもたせ，今後の見通しとゴールのイメージをもつ。<br>・日常生活において，深く考えていなかったり,固定観念に囚われて物事を考えたり，判断したりしていることはないかを考えさせる。<br>※様々な立場や異なる意見があるテーマの中でも，特に，生徒が興味をもてそうなものを吟味し，複数のテーマを挙げた上で，班ごとに取り組むテーマを指定する。また，異なる立場や考えが書かれている本を各テーマで複数種類ずつ選書し，準備する。<br>・テーマについて，現段階での考えと，そのように考える理由を書かせる。<br>※この段階では，漠然としたイメージのようなもので構わないことを伝える。<br>・読んだ本の内容を言語化すること，他者に伝えることで，生徒自身に思考を整理させる。<br><br>※本の貸し出しは行わず，授業時間内で読んだり書いたりすることを原則とする。<br><br>・時間を管理することで，個人で本を読む時間と，読んだことを他者に伝える時間をバランスよく取れるようにする。<br>※同じ本を読んだ人同士で，書かれていたことを共有し,間違った解釈をしていないか確認させる。 | 3<br>｜<br>6 |
| ・本を提示しながら書かれていたことを紹介しつつ，自分の考えを発表する。<br>・1回目の交流は同じテーマの人同士で発表しアドバイスし合い，2回目は他のテーマの発表を聞き，質問をする。<br>・単元の振り返りを行う。<br><br>【振り返りの視点】<br>・自分の考えを形成する上で,複数の本を読んだことをどのように役立てよう（活用しよう）としましたか。 | ・同じテーマで考えた人同士でも，問いに対する考えが全く同じになるとは限らないので，相違点に注意して聞くように声かけをする。<br>・異なるテーマで考えた人に対しては，主張と根拠の結びつきが十分かなどに注意して聞き，積極的に質問をするように促す。<br>・自分の言葉で価値付けられるように，授業の具体的な場面を想起させながら振り返らせる。 | 7 |

# 国語科実践例②

## 1 単元を通じて実現を目指す「学びに向かう力」が高まっている生徒の姿

　読書の意義や効用などについて，自分の考えを根拠の適切さや論理の展開など，話の構成を工夫して伝えようとしている姿。

## 2 単元について

　本単元では「話すこと・聞くこと」の資質・能力を発揮させて，〔知識及び技能〕の「読書」に関する資質・能力の育成を学習の中心とする。これまで「読書」に関する指導事項は，性質上「読むこと」や「書くこと」と関連させて扱ってきた。言い換えると「読書」に関する指導事項は，「思考・判断・表現」を充実させるための手段のように扱ってきたように思われる。そこで本単元では，「読書」に関する指導事項を中心に授業を構想し，学習の中心となる課題を「大人の困り感に答えます！私たちが考える読書の価値」とした。生徒一人ひとりが読書の価値を発信することを通し，また互いの読書への価値付けを共有することで自身の読書への価値付けを再構築することをねらいとする。

## 3 「指導と評価の一体化」を目指した観点別学習状況のあり方

### （1）「知識・技能」の指導と評価

　本単元では「本や文章などには，様々な立場や考え方が書かれていることを知り，自分の考えを広げたり深めたりする読書に生かすこと」という指導事項そのものを「思考・判断・表現」の題材とする。読書に関する事項は発達段階が進むにつれて，より社会との関わりを意識したものになっていく。ここでの学習を通して，これまで身近にあった読書に関して自分たちなりに価値付けをし，これか

らの自分の生き方や社会との関わり方を支える読書の意義と効用について，考えられるようにさせたい。本単元の終末では知識・技能の広がりや深まりを実感させるために，単元全体の学習を想起しながら自分の考えをまとめさせ，評価していく。

### （2）「思考・判断・表現」の指導と評価

　本単元では，上記の知識や技能に関して自分の立場や考えが明確になるように，根拠の適切さや論理の展開などに注意して，話の構成を工夫して伝えることを学習課題として設定する。そして，互いの発表を聞くことを通して自分の考えと他者の考えを比較させたり，話の構成や読書の意義など，伝える内容は適切かどうかを検討させたりしていく。これらの学習活動を通して，本単元で育成したい「知識・技能」について，話の構成を工夫して動画を作成しているかどうかを評価していく。

### （3）「主体的に学習に取り組む態度」の指導と評価

　本単元では学習課題を解決する中で「根拠の適切さや論理の展開などに注意して，話の構成を工夫する」ことを目標とした。したがって，２次の共有の場面において，他者の発表を受け，話の構成を再度練り直したり，内容や根拠などについて再検討したり，自分の読書への価値付けを見直したりしている姿を評価していく。また，単元の終末では他校の生徒に作った動画を視聴してもらったり，保護者へ動画を配信し，読書の価値についてフィードバックをもらったりして，自分たちの発信がどのように受け取られたのかを振り返らせたい。

## 4 授業の実際

1次では，学習課題に取り組む前にそれぞれが「読書の価値」について考えをまとめた。考えをまとめた後，学習プランを用いて学習の流れ，学習課題を解決することを通して育成される資質・能力の具体（目指したい姿）について生徒と共有した。読書の価値について，考えを広げたり深めたりするために，学校図書館の本や小中高の学習指導要領の「読書」に関する事項，インターネットから読書に関係する情報を集めた。また，本校の2年生の生徒を対象に，読書に関する意識調査を実施し，その結果を生徒に提示した。インターネットを活用する際，生徒は信頼できる情報源なのか，情報は古くないか等，これまでの学習やTOFYの学習で育んできた力を発揮しながら，発表の材料を集めていた。アンケートの結果についても，数学や社会の学習を生かし，結果をグラフ化して示したり，その結果を適切に読み取って自分の発表に生かしたりしている姿が見られた（図1）。

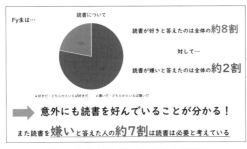

図1　生徒が作成したスライド資料

2次では，互いの作成したスライドの共有を行った。そこでは今回の学習課題における「相手意識」についての確認を丁寧に行った。本単元で作成した動画は「子どもに読書を促したい大人」を相手に設定しているため，大人も納得し，さらに間接的に関わる子どもにも効果を発揮する中身でなくてはならない。そのため，どのような情報を用いて，さらにどのような順番で構成していくのかを互いに

確認している様子が見られた。また，動画を作成していく上で，大人への行動の促し方やその言葉をどのように工夫していくかなど，スライドの細部にまで気を付けている姿が見られた（図2）。これまでに学習してきた敬語に関する知識や文法に関する知識なども確認し，困っている大人の心情に配慮した言葉を選んで用いている様子も見られた。

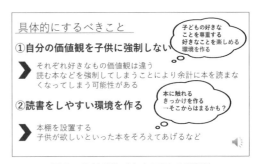

図2　生徒が作成したスライド資料

3次の振り返りでは，これまでの学習を通して身に付けた「知識・技能」に関する資質・能力が生きて働いているという実感があったという記述が見られた。また，学習前と学習後の読書の価値付けを比較し，ある生徒は「学習前は知識を得たり語彙を増やしたりする手段としての読書という意味が私の中で強かったが，学習を終えて，読書そのものを楽しんだり，純粋に興味を追求する目的の読書という価値も大切にしていきたいと思えた。読書が好き・嫌い，得意・苦手という様々な価値観をもった人たちと同じ課題に取り組み，考えを共有することで，自分の考えが広がり深まったと実感した」と自分の読書に対する価値付けの変容を振り返っていた。

本単元の学習を通して，生徒は自身の体験やこれまでの学習経験を想起し，読書の意義や効用について考えられたと感じる。ダイナミックな単元を構想したことにより，授業時間が多くなってしまったことが課題として挙げられ，今後も適切な時間数の中で，資質・能力の育成に努めたい。　　　（土持　知也）

[資料]　資質・能力育成のプロセス（7時間扱い）

| 次 | 時 | 評価規準 | 【　】内は評価方法<br>及び<br>Cと判断する状況への手立て |
|---|---|---|---|
| 1 | 1<br>―<br>2 | 思　「話すこと・聞くこと」において，目的や場面に応じて，社会生活の中から話題を決め，異なる立場や考えを想定しながら集めた材料を整理し，伝え合う内容を検討しようとしている。（○）<br><br>知　本や文章などには，様々な立場や考え方が書かれていることを知り，自分の考えを広げたり深めたりする読書に生かしている。（○） | 【ワークシートの記述の確認】<br>C：自分の読書経験を振り返ったり，他人から読書を促された時の気持ちを想像したりするように促す。<br><br>【ワークシートの記述の確認】<br>C：これまでの読書経験を想起させ，自分の経験を踏まえて価値付けするように促す。 |
| 2 | 3<br>―<br>6 | 思　「話すこと・聞くこと」において，自分の立場や考えが明確になるように，根拠の適切さや論理の展開などに注意して，話の構成を工夫している。（○◎）<br>【Bと判断する状況の例】<br>読書の大切さが伝わるように，話の構成などを工夫し，動画を作成している。<br><br>態　異なる立場や考えを想定しながら集めた材料を整理し，伝え合う内容を粘り強く検討し，学習課題に沿って，話の構成を工夫しようとしている。（○◎）<br>【Bと判断する状況の例】<br>共有を通して自分の考えを再構築し，発表動画にまとめようとしている。 | 【ワークシートの記述の確認・分析】<br>C：ワークシートを用いて自分の考えを端的にまとめ，他者の考えと比較しながら考えを整理し，発表の構成を検討するように促す。<br><br><br><br>【共有の発言の確認，ワークシートの記述の分析】<br>C：自分の考えと比較しながら聞かせ，内容や構成についての気付きや感想，質問をするように促す。 |
| 3 | 7 | 知　本や文章などには，様々な立場や考え方が書かれていることを知り，自分の考えを広げたり深めたりする読書に生かしている。（◎）<br>【Bと判断する状況の例】<br>互いの発表動画を見合い，前時に動画を作成したときよりも，自分の考えを深めている。 | 【ワークシートの記述の分析】<br>C：前時の活動を想起させ，動画を視聴しながらベン図で自分の考えと他者の考えを整理するように促す。 |

| 主たる学習活動 | 指導上の留意点 | 時 |
|---|---|---|
| ・読書をする価値について，学習前の考えをまとめる。<br><br>・学習プランを用いて単元の見通しを確認する。<br><br>【課題】<br>大人の困り感に答えます！<br>　　　　　　私たちが考える読書の価値<br>〜根拠の適切さや論理の展開などに注意し，<br>　　　　話の構成を工夫して動画で伝えよう〜<br><br>・発表に向けて，資料を参考にしたりパソコンで情報を集めたりして，学習課題について自分の考えをもつ。<br><br>・読書の価値を伝える相手に合わせて内容を整理し，発表資料（スライド）を作成する。 | ・本単元の学習の見通しをもつ前に，読書の価値について考えさせる。<br>・見通しでは評価規準と評価場面・評価物について確認し，どのような学習の過程を経て力を付けていくのかを意識させる。<br>・学習指導要領の小学校〜中学校〜高校の「読書」に関する事項を資料として用意し，指導事項に関する系統性を意識するように促す。<br><br>・その他，学校図書館や学年の書棚から読書に関する本を読むように促したり，個人の端末を使って情報を集めたりするように促す。<br>・伝える相手は「子どもに読書を促す大人」とし，相手に応じて集めた材料を整理し，伝える内容を考えるように促す。<br>・これまでの学習の経験を踏まえ，伝える内容を検討し，発表資料（スライド）を作成させる。 | 1<br>｜<br>2 |
| ・グループに分かれ読書の価値について自分の考えを発表する。<br><br>・お互いの発表内容を比較し，気が付いたことを伝え合う。<br><br>・お互いの発表の中で，特に自分の考えと異なる部分について確認し，伝える内容を再検討する。<br><br>・PowerPointを用いて発表動画を作成する。 | ・共有の際はこれまで情報を整理してきたワークシートを用いて自分の考えと他者の考えを比較し，整理させる。<br>・自分の考えになかったものや，自分にとって新たな発見になったものについて，気付きや感想を伝えるように促す。<br><br><br>・発表動画は3分程度で作成させる。 | 3<br>｜<br>6 |
| ・Teams上に動画をアップし，動画を視聴する。<br><br>・読書の価値や効用などについて再度，自分の考えをまとめる。<br>・本単元の学習の振り返りを行う。<br><br>【振り返り視点】<br>読書の価値について，最初の考えと授業後の考えで変わったところや，特に考えが広がったり深まったりしたところを中心に振り返りましょう。<br><br>・他の中学校の生徒や本校の保護者に動画を視聴してもらい，フィードバックをもらう。 | ・動画を視聴する際は前時の交流で用いたワークシートを用いて，自分の考えと比較するように促す。<br>・動画やワークシートなど，これまでの学習を想起しながら考えをまとめるように促す。<br>・これからのTOFY探究で生かせそうなことを考えさせたり，他者と考えを共有することの意義についても触れながら学習を振り返らせたりして，日々の学びに向かう意欲につなげたい。 | 7 |

# 国語科実践例③

## 1 単元を通じて実現を目指す「学びに向かう力」が高まっている生徒の姿

　原爆や戦争に関して「読むこと」の学習や修学旅行の体験を基に，その惨禍について語り残すべきことを明確にし，選んだ文種の特徴を生かして，自分の考えが多くの人に伝わる文章になるように粘り強く話の展開や構成を工夫している姿。

## 2 単元について

　本校では 3 年次に行われる修学旅行の中で広島を訪問し，広島平和記念資料館を見学したり被爆された語り部の話を聞いたりして体験的に平和学習を行う機会がある。

　そこで「読むこと」として設定した前単元では，修学旅行に行く前の事前学習として，広島の被爆について書かれた文種が異なる複数の文章を読み，それぞれの文章の特徴や違いを踏まえながら，被爆や戦争を語り継ぐ意義について考える学習を行った。

　本単元では，前単元の「読むこと」の学習に加え，実際に語り部の話を聞いたり平和記念資料館で見たりして得た情報を基に，原爆や戦争の惨禍について自分の考えや思いを書くことを学習課題とした。文章を読んで学習したことに加え，体験的に学習したことを基に書く活動を行うことで，自分の思いや考えが多くの人に伝わるように文章を工夫して書く力を育成したい。

## 3 「指導と評価の一体化」を目指した観点別学習状況のあり方

### （1）「知識・技能」の指導と評価

　本単元では，これまで読んだり書いたりしてきた文章を基に文種やその特徴を理解し，自分の考えや思いを伝えるのに適した文種について検討させることを通して文種についての理解を深めさせる。前単元の学習を参考にして学習のつながりを意識させたり，他の文章を提示して自由に様々な文章を参照して比較させたりしながら，自分が書く文種を決めることにつなげる。文種ついて理解したことを生かして考えや思いを伝えるのに適した文種を検討しているか評価する。

### （2）「思考・判断・表現」の指導と評価

　「読むこと」の学習や修学旅行での学びを整理し，伝えたいことを明確にさせる。そして，それを伝えるのに適した文種を選ばせ，多様な読み手に伝わるような構成を考えさせる。その際 PowerPoint を用いて構成メモ・構想マップを作らせ，スライドやテキストボックスを入れ替えるなど試行錯誤しながら文章の構成を検討できるようにする。評価する際は，「読むこと」の学習や修学旅行での学習を整理して伝えたいことを明確にしているか，読み手に自分の考えが伝わるように構成を工夫しているかどうか評価する。

### （3）「主体的に学習に取り組む態度」の指導と評価

　学習プランなどを用いて学習の流れを示し見通しをもって学習に取り組めるようにするとともに，交流する場面を設けて他者からの助言を得て読み手に伝わる文章になるように構成を工夫して書こうとする態度につなげていく。評価する際には，PowerPoint で作成した構成メモ・構想マップに他者からの助言で加筆修正した箇所は文字の色を変えるなど思考の過程を可視化させ，粘り強い取組や学習を調整している様子を評価する。

## 4 授業の実際

　本単元では，「読むこと」の学習や修学旅

行での学習を生かして生徒自らが原爆や戦争の惨禍について文章を書く活動を行う。そこで第1時を修学旅行の前に設定し、修学旅行で集める情報について考える活動を行った。

そして、修学旅行後の第2時では自分の考えや思いを伝えるのに有効な文種について検討させた。文種を選択させる際には、様々な文章を提示してそれぞれの文種の特徴を捉えさせながら、その文種を選んだ理由や自分が文章を書く時に生かしたい特徴について考えさせた。そうすることで「知識・技能」と「思考・判断・表現」の関連を図った。例えば、生徒Aは生き残った人の苦しみや悲惨な様子を伝えたいという思いから、文種として「物語」を選択した。その理由についてワークシートに「物語は読み手に主人公の感情や情景のイメージを伝えやすいという特徴があるため、適していると考えた。」と記述しており、文種の特徴を生かして文章を書こうとする姿勢が表れていた。

第3時ではPowerPointを用いて構成メモ・構想マップを作成した。生徒はテキストボックスやスライド、図を活用して構成メモ・構想マップを作成していた（図1）。なお、構成メモ・構想マップには工夫を記述させ他の人が見ても分かりやすいようにした。

図1からはテキストボックスと矢印を使い、内容同士の関係を考えたり、回想を入れるなど場面の展開について工夫したりしながら構成を検討していることが分かる。また、③場面に「原爆後の広島の様子＋そのときの

想いも具体的に書く」とあるように、第2時に考えた物語の特徴に着目しながら構成を考えていることが窺える。このように、生徒は文種の特徴を生かして自分の考えや思いが伝わる文章になるように構成を考えていた。

第4時ではTPCを用いてPowerPointのコメント機能を用いて交流を行った。作成者が工夫したところについて、書き手の考えや思いが伝わる構成になっているかということに着目して交流させた（図2）。

図2　コメント機能を使っての交流の一部

生徒が行ったコメントのやりとりからは、生徒Cのように構成と文種の特徴を関連付けてコメントをする様子も見られた。

第5時では自分で考えた構成を基にTPCを用いて文章を書き、第6時で文章の交流を行った。生徒が記述した文章の詳細は本校ホームページを参照されたい。

本単元では、理解した文種の特徴を構成の検討や文章の記述に活用する場面を設定した。そうすることで、生徒は自分の考えや思いを伝えるための有効な方法として文種を捉え、選択している様子が窺えた。また書くことを進める中で、自分自身の作品を読み返しその文種が何であるのかを再考しようとするなど、文種に対する既存の捉え方を問い直すような思考をする生徒も見られた。このように「知識・技能」を活用して思考・判断し表現させることは「思考・判断・表現」の力を高めるとともに、「知識・技能」の力を高めることにもつながると考える。　（柳屋　亮）

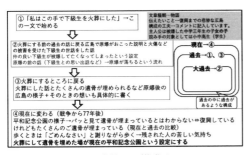

図1　生徒Aの構成メモ

[資料]　資質・能力育成のプロセス（6時間扱い）

| 次 | 時 | 評価規準（想定する「Bと判断する状況」） | 【　】内は評価方法<br>及び<br>Cと判断する状況への手立て |
|---|---|---|---|
| 1 | 1<br>—<br>2 | 知　話や文章の種類とその特徴について理解を深めている。（○◎）<br>【Bと判断する状況の例】<br>これまで読んだり書いたりした文章を基に「ヒロシマ」について自分の語ろうとする内容に合う文種を検討している。<br><br>思　「書くこと」において，目的や意図に応じて，社会生活から題材を決め，多様な方法で集めた材料を整理し，伝えたいことを明確にしている。（○◎）<br>【Bと判断する状況の例】<br>「読むこと」の学習や修学旅行を通して学んだことを整理して，戦争や原爆について伝えたいことを明確にしている。 | 【ワークシートの記述の確認・分析】<br>C：これまでの授業で学んだ文章にはどのような種類の文章があり，それらにはどのような特徴があったかを想起させ，自分が「ヒロシマ」について語ろうと考える内容に合った文種を検討するように促す。<br><br>【ワークシートの記述の確認・分析】<br>C：戦争や原爆についてどのようなことを学んだのかを振り返らせ，平和な世の中を築くために後世の人たちにどのようなことを残していく必要があるのかを考えるように促す。 |
| 2 | 3<br>—<br>5 | 思　「書くこと」において，文章の種類を選択し，多様な読み手を説得できるように論理の展開などを考えて，文章の構成を工夫している。（○◎）<br>【Bと判断する状況の例】<br>自分の語る内容に合った文章の種類を選び，多様な読み手に自分の考えや思いが伝わるように文章の構成を工夫している。<br><br>態　粘り強く文章の構成を工夫し，学習の見通しをもって戦争を語る文章を書こうとしている。（○◎）<br>【Bと判断する状況の例】<br>他の人のコメントを参考に構成メモを手直ししている。 | 【構成メモ（スライド）の記述の確認・分析】<br>C：自分の考えを伝えるためにはどのような構成にすると良いか，なぜその構成がよいと考えたのかなどを問いかけ，読み手に自分の考えが伝わる構成になるように助言する。<br><br>【構成メモ（スライド）の記述の確認・分析】<br>C：他の人のコメントを参考に自分の考えが伝わりにくかった点に着目し，どのように修正すれば伝わりやすくなるかを考えるように促す。 |
| 3 | 6 | | |

| 主たる学習活動 | 指導上の留意点 | 時 |
|---|---|---|
| ・学習プランと学びの手引きで単元の学習の見通しをもつ。<br><br>【課題】<br>修学旅行の経験を基に「ヒロシマ」を語る文章を書く。<br><br>・前単元「読むこと」の学習を振り返り，語り残そうとする内容やそのことを伝えるために自分が書く文種を考えながら，修学旅行に行って集める情報について考える。 | ・学習プランと学びの手引きを示し，学習の流れと育成したい資質・能力を確認する。<br><br>・修学旅行に行った際，どのようなことに注目して見学したり，話を聞いたりしたらよいかを意識させる。<br>・「読むこと」で学んだ文章に加え，戦争・原爆について書かれている文章を例示して自分が書く文種を考えさせる。 | 1<br>｜<br>2 |
| 修学旅行で語り部の話を聞いたり，平和記念館を見学したりしながら，自分が書く文章のための取材・構想を行う。 | | |
| ・平和学習や修学旅行での学習を振り返り，原爆や戦争について学んだことを整理する。<br>・整理したことを基に「ヒロシマ」についてどのような考えや思いを書くかを考える。<br>・書く内容に合った文章の種類を選ぶ。<br>・「ヒロシマ」について書こうと考える内容と選んだ文種を4人グループで交流する。 | ・修学旅行で聞いた語り部の話，資料館での経験などを通して学習したことを振り返らせる。<br>・「読むこと」の学習に加え，修学旅行で学んだことを生かして考えるように促す。<br>・1時で学んだことを生かして文種を選ばせる。<br>・多様な考えに触れさせ，次時以降の学習に生かすように促す。 | |
| ・PowerPointを用いて構成メモ・構想マップを作る。<br><br>・構成メモ・構想マップに工夫を具体的に書き入れる。<br><br><br>・構成メモ・構想マップを交流して，4人グループでコメントし合う。<br>・他の人からのコメントを参考に構成メモ・構想マップを手直しする。<br><br><br>・PowerPointで作成した構成メモを基に「ヒロシマ」を語り伝える文章をwordで書く。 | ・スライドやテキストボックスを自由に動かしながら，構成メモや構想マップを作らせる。<br>・具体的な読み手を想定して必要な情報や内容を整理しながら文章の構成を考えさせる。<br>・構成の工夫については，どのような工夫をしたのかをPowerPointに記述させる。<br>・PowerPointをクラウド上にアップロードし，工夫をしたところを中心にコメントし合う。<br>・書き直す箇所には取り消し線を引き，加筆・修正は文字を赤にして行う。考えて書き直さなかった箇所は文字を青にするように指示する。<br>・PowerPointで作成した構成メモ・構想マップを印刷し，プリントとして手元に置くことでいつでも参照できるようにさせる。 | 3<br>｜<br>5 |
| ・文章を交流する。<br><br><br><br><br>・単元の振り返りを行う。 | ・文章（word）をクラウド上にアップロードさせ，他者の文章を読み，伝わってきたこととそれが最も表れている箇所についてコメントさせる。<br>・自分の出席番号の前後2ずつの人にコメントさせる。<br>・コメントを参考に自分の考えが読み手に伝わる文章になっているかに着目して振り返らせる。 | 6 |

## 社 会 科

実践例①〜②

## 1　本校社会科が考える「生きて働く［知識・技能］を育む指導と評価」

### （1）社会科における「生きて働く［知識・技能］」の考え方

　社会科における［知識・技能］には，「習得」と「活用」という2つの側面があり，学習課題を解決するために，必要となる基本的な知識を習得し，社会的な見方・考え方を用いて知識を活用することが求められている。［知識・技能］を生きて働かせるためには，［思考・判断・表現］との関連を図ることが必要であり，知識を活用させることで，事実的な知識から概念的な知識へと発展させていくことを目指したい。

### （2）一枚式ワークシートの活用

　本校社会科では，学習課題に基づく［知識・技能］の習得・活用に資するツールとして，単元ごとにA3版の一枚式ワークシートを作成し，指導と評価に用いている。一枚式ワークシートには，図1の探究プロセスの可視化，図2の学習プランと振り返りという役割をもたせている（学習の見通しと振り返りについては『附属横浜中』（2022）を参照されたい）。「習得」の側面では，学習課題に関わる主題図の作成や思考ツールを用いた情報の整理など，「活用」の側面としては，［知識・技能］を生きて働かせるパフォーマンス課題の取組など，探究プロセスを可視化することで習得・活用する知識を確認しやすいように工夫している。また，この可視化の工夫は形成的な評価の充実につながり，生徒・教師ともに学びを実感しやすい構成になっている。

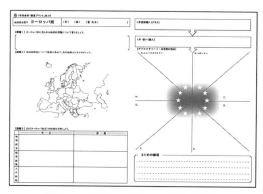

図1　一枚式ワークシートの例（表面）

図2　一枚式ワークシートの例（裏面）

## 2　［知識・技能］を生きて働かせる工夫

### （1）思考ツールを活用した［知識・技能］の構築

　学習課題を追究したり，解決したりする活動の中で，集めた情報を整理するために思考ツールを活用する場面を設けている。マトリックス，Xチャート，レーダーチャートなどの思考ツールを用いることで，社会的事象について情報を整理し，多面的・多角的に考察することが可能とな

り，それによって事実的な知識同士を関連付けられるようにしている。

　例えば，「日本の諸地域〜関東地方〜」の単元では，「東京一極集中を緩和するための首都機能移転に賛成か，反対か」という問いを設定した。この問いに対して情報を集めた後に，首都機能移転を実施したほうがよいかについて6つの視点で分析し，レーダーチャートに表現する活動を行った（**図3**）。これによって，首都機能移転のメリット・デメリットについて，多面的・多角的に考察できるように工夫した。このように，学習活動の中で，思考ツールを活用しながら，集めた情報を整理して，［知識・技能］の構築を促している。

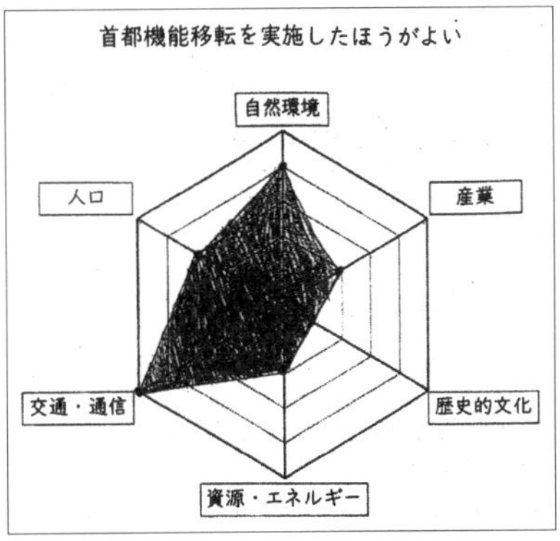

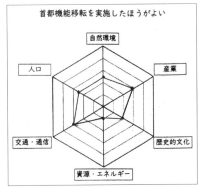

図3　生徒Aのワークシート

### （2）協働的な学びによる［知識・技能］の再構築

　単元における［知識・技能］の習得場面や活用場面の中で，グループで情報共有を行う機会を設けている。個人で習得してきた［知識・技能］をグループで共有することによって，それらの再構築を図ることが目的である。その際，新たな情報についてはワークシートに追記したり，印をつけたりするなどの工夫をしている。

　例えば，先述した「日本の諸地域〜関東地方〜」の単元で用いたレーダーチャートでは，他者との考えの違いを容易に比較することができる（**図3，図4**）。そのため，このレーダーチャートを基に，グループでその違いや判断した根拠を共有し合うことで，新たな視点で首都機能移転について考察できるようにした。このように，グループでの協働的な学びの機会を設けて，より多面的・多角的な考察ができるように促している。

図4　生徒Bのワークシート

## 3　実践の成果と今後への課題

　これまで一枚式ワークシートの使用や思考ツールの活用などの実践を積み重ねてきた。それにより，［知識・技能］の習得と活用を往還しながら，より深い学びを展開していく流れをつくることができた。また，他者と協働的に学ぶ場面を意図的に取り入れていくことで，生徒同士が学び合いを行いながら［知識・技能］を再構築していくことができている。こうした取組を積み重ねていくことによって，事実的な知識からより概念的な知識へと発展させていくことができた。

　今後は，一枚式ワークシートの内容や形式などをさらに改善・充実させることによって，習得した［知識・技能］をより有効に活用させて［思考・判断・表現］させられるような工夫をしていきたい。

# 社会科実践例①

## 1　単元を通じて実現を目指す「学びに向かう力」が高まっている生徒の姿

　ヨーロッパ州におけるウクライナ難民の受け入れをめぐる問題を多面的・多角的に考察することで，ヨーロッパ州の地域的特色と課題を捉え，よりよい社会の実現に資する概念的な知識を構築している姿。

## 2　単元について

　本単元では，ヨーロッパ州で顕在化している地球的課題として，ロシアによるウクライナ侵攻とその影響を取り上げ，ヨーロッパ州の地域的特色への理解を踏まえ，地理的な見方・考え方（空間的相互依存作用）を働かせて，ヨーロッパ州における難民の流入と受け入れという事象について考察し，概念的な知識を構築することをねらいとしている。

　EU（ヨーロッパ連合）には，ウクライナ難民を受け入れる「一時的保護策」と，従来のシリア難民等を受け入れる「ダブリン規則」というダブルスタンダードの葛藤があることから，単元を貫く問いを「EUの持続的な連帯を図るためには，どのような取組が求められるのか」（これからEUはどのように難民を受け入れるべきか）と設定し，「ウクライナ難民の受け入れをめぐるニュース動画を制作しよう」というパフォーマンス課題を通して，様々な立場の視点を踏まえた難民の受け入れ策を提案させたい。

## 3　「指導と評価の一体化」を目指した観点別学習状況のあり方

### （1）「知識・技能」の指導と評価

　ヨーロッパ州で見られる地球的課題と地域的特色を関連させながら概念的な知識を構築できるように指導していく。特に，ウクライナ難民の流入という事象と，EU加盟国内の移動の自由や経済格差などの地域的特色や課題を関連付け，概念的な知識の構築を促すことが重要である。そのためには，「思考・判断・表現」との関連を図り，地理的な見方・考え方を働かせて事象を考察することが必要であり，パフォーマンス課題の演技の原稿とワークシートの記述から知識の構築を評価していく。

### （2）「思考・判断・表現」の指導と評価

　難民の流入に伴う新たな難民政策の発動という社会的事象を多面的・多角的に考察するために，パフォーマンス課題として「ニュース動画の制作」に取り組む。8人班をつくり，難民当事者やEU関係者をはじめとする配役を決め，各々の視点に立った意見を原稿にまとめた上で演技を行う。そこで地理的な見方・考え方を働かせて，知識が活用できているかどうかをパフォーマンス課題の演技の原稿とワークシートの記述から評価していく。

### （3）「主体的に学習に取り組む態度」の指導と評価

　難民の受け入れの在り方という解決が困難な課題に対して粘り強く向き合い，自己の学びを調整しながら学習を展開するために，セルフマネジメントを活動の柱としている。追究活動を行う中で，単元を貫く問いにどのように迫ることができたかを，付箋を用いて振り返りを記述させる。授業者はその付箋を形成的に評価することで，生徒の追究活動を支え，学びに向かう力の涵養を促す。また，第3次では単元全体の振り返りを行い，単元の冒頭での問題意識から自らの学びを自覚したり，新たな課題を見いだせたりしているかをワークシートの記述から評価していく。

## 4　授業の実際

第１次では，ヨーロッパ州を大観し，地域的特色として，ＥＵの利点と課題を「地域統合」「経済政策」「人の移動」の３つの視点から考察し，クラスごとにマトリックスを用いてまとめた（図１）。次に，ウクライナ難民の発生とその受け入れに関わる資料を提示し，ウクライナ難民を受け入れる「一時的保護策」と，従来のシリア難民等を受け入れる「ダブリン規則」というダブルスタンダードの葛藤があることに気付かせ，ＥＵとして持続的な連帯の下で難民の受け入れを考える必要があることを共有した。

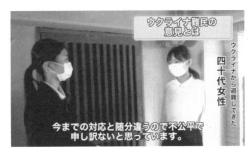

【課題３】EU（ヨーロッパ連合）の特徴を分析しよう。

| | 利　点 | 課　題 |
|---|---|---|
| 地域統合 | ・戦争が起きにくい（協調・連帯）<br>・協力して危機に対応できる | ・各国の方針が違うと決定が難しい<br>・発言力に差が出る<br>・足並みを揃えるのが難しい |
| 経済政策 | ・ユーロ　買い物がしやすい<br>・関税が低い→輸出入が活発<br>・分業して商品をつくれる | ・加盟国内で利益の少ない国がある<br>・経済格差（特に東ヨーロッパの国々）<br>・失業者が増えるのではという不安 |
| 人の移動 | ・パスポートなしで国境の移動可<br>・労働者が集まりやすい<br>・観光業が発達する<br>・他の文化を知れる | ・貧しい国から人が来る<br>・言語が違う<br>・外国人・難民の受け入れ方<br>・外国人の増加→差別・排除 |

図１　生徒の考えを集約したマトリックス

第２次では，「ニュース動画の制作」というパフォーマンス課題を示し，ヨーロッパ州における難民の流入と受け入れの動向を様々な立場からの声を原稿に起こして，演技と撮影を行った（図２）。その際，難民当事者や関係諸機関の人々の姿を想像し，地域的特色を関連付けて考えることに加えて，右記の参考文献を配付し，文献資料から読み取ったことを根拠に原稿を作成するように指導した。その中で，ヨーロッパ州の地域的特色に関わる知識を活用したり，課題解決の根拠を得るために知識を確認したりする生徒の姿が見られた。また，演劇的手法を用いた学習活動では演技の撮影に向けて繰り返し原稿を見て練習する光景が見られた。この繰り返しの学習過程を通して，知識の定着が図られる一方で，何度も撮影をやり直している生徒たちは（台詞ではなく）原稿内容の理解が十分ではない様子も見取ることができた。生徒たちの知識とパフォーマンスの連動・往還を評価することで，班内の生徒同士が原稿内容やその意味を繰り返し確認し，改善しようとする姿が見られた。

図２　生徒が編集・制作したニュース動画

第３次では，各班で編集した動画（図２）を視聴して，単元を貫く問いに対する考察を記述し，学びの振り返りを行った。生徒たちの記述からは，持続的な連帯への道筋として，地理的条件や経済格差を背景とした難民受け入れ国の偏りから，国際協力・多文化社会が必要であるという概念的な知識が構築されていることを確認することができた（図３）。一方，パフォーマンス課題への生徒たちの高い意欲は見られたが，指導事項とのより効果的な関連のさせ方については，今後の課題としていきたい。

まとめの論述

難民受け入れの課題には，受け入れ国がかたよっていることやそれによる受け入れ国の民間人に及ぶ影響（インフレ等），また，難民間でのトラブル（受け入れ時の差別やシリアとの差）が挙げられます。だから，EU内又は付近の国々と協力して負担を減らせるようにしたり，様々な人種・宗教の人を積極的に受け入れられるよう，多文化社会のような仕組みをつくったりすることが持続的な連帯を図るために大切だと考えました。

図３　生徒の「まとめの論述」

### ●参考文献

１）中坪央暁（2022）「戦後最大の人道危機　難民支援の最前線」『外交』Vol.73，外務省，pp.68-73

２）三木幸治（2022）「国境の街で見た　ウクライナ難民の苦悩と欧州の選択」『外交』Vol. 72，外務省，pp.40-43

（村越　俊）

[資料]　資質・能力育成のプロセス（8時間扱い）

| 次 | 時 | 評価規準 | 【　】内は評価方法<br>及び<br>Cと判断する状況への手立て |
|---|---|---|---|
| 1 | 1—2 | 知　ヨーロッパ州の自然環境，国の位置などの基本情報を地図で確認し，ヨーロッパ州を大観している。（○） | 【ワークシートの記述の点検】<br>C：ワークシートを用いて一緒に資料を読み取り，ヨーロッパ州の地域的特色について考えさせる。 |
| | | 思　EUの基本知識を活用させ，なぜ新たな難民政策が発動されたか，多面的・多角的に考察し，表現している。（○） | 【ワークシートの記述の点検】<br>C：一緒に学習を振り返り，資料の読み取りの支援をしながら，基礎的な事項を確認する。 |
| 2 | 3—4 | 【生徒に獲得させたい認識】<br>ヨーロッパ州は，EUに代表されるように政治的・経済的に地域統合が進められている地域である。EUは「ヨーロッパの平和と共存・共栄」を目指す地域機構であるが，2015年の「欧州難民危機」や2020年のイギリスのEU離脱などをきっかけにその在り方が問われている。そのような情勢の下，ロシアによるウクライナ侵攻が始まり，大量の「ウクライナ難民」が発生し，EUは「一時的保護」という積極的な難民受け入れ策を発動した。EUはなぜこの「一時的保護」を発動したのか，そして，これからどのように難民を受け入れていくべきか，EUの持続的な連帯を図るための取組を地域的特色と関連付けて考察する。 | |
| | | 思　第1次で獲得した知識と各立場を組み合わせて，追究するための「小さな問い」を立てている。（○） | 【ワークシートの記述の点検】<br>C：ワークシートを用いて課題を確認させ，問いを立てられるように資料の読み取りを支援する。 |
| | | 知　単元を貫く問いと「小さな問い」を基に，難民の受け入れに関する各立場の見解を原稿にまとめている。（○） | 【ワークシートの記述の点検】<br>C：担当する立場と問いを確認させ，その問題意識の促しと必要な情報の収集を支援する。 |
| | 5—7 | 思　作成した原稿を基に，ニュース番組の役者としてウクライナ難民の流入と受け入れに関する情報の発信している。（○） | 【生徒の活動の確認】【ワークシートの記述の確認】<br>C：班内での役割を確認し，担当する立場への想像力を高めさせ，効果的な演技を支援する。 |
| 3 | 8 | 知　学習したことを基に，難民の受け入れに関するヨーロッパ州の課題について理解している。（◎） | 【ワークシートの記述の分析】<br>C：これまでの学習を振り返り，難民の受け入れに関するヨーロッパ州の課題について，一緒に確認する。 |
| | | 思　難民の受け入れに関するヨーロッパ州の課題を多面的・多角的に考察し，表現している。（○） | 【ワークシートの記述の確認】<br>C：これまでの学習と話合い活動を振り返り，難民の受け入れに関するヨーロッパ州の課題について，確認するように促す。 |
| | | 態　難民の受け入れに関するヨーロッパ州の課題から，よりよい社会の実現を視野にそこで見られる課題を主体的に追究しようとしている。（○） | 【ワークシートの記述の確認】<br>C：これまでに記述した付箋と学習への取組を振り返り，自己の成長点と課題点を記述するように促す。 |

| 主たる学習活動 | 指導上の留意点 | 時 |
|---|---|---|
| ・複数の資料を読み取り，ＥＵによる地域統合，経済政策，人の移動の視点からヨーロッパ州を大観し，基本的な認識を形成する。<br><br>【単元を貫く問い】<br>ＥＵの持続的な連帯を図るためには，どのような取り組みが求められるのか。 | ・学習プランを配付し，学習のセルフマネジメントへの意識をもたせる。<br><br>・従来の難民受け入れ策と新たに発動された難民受け入れ策の違いに気付かせ，多面的・多角的に課題を追究できるように促す。 | 1<br>│<br>2 |
| 【パフォーマンス課題】「ウクライナ難民の受け入れをめぐるニュース動画を制作しよう」<br>あなたたちは，「Fyテレビ・ニュース番組編集部」のスタッフです。ロシアによるウクライナ侵攻は今もなお続いていて，多くのウクライナ難民がヨーロッパ諸国に流入しています。そこで，あなたたち番組スタッフには，その最前線の様子やこれからの難民の受け入れについて，ニュース動画の制作を通して，日本の皆さんに情報を届けてほしいのです。あなたたちの報道が日本・世界を動かすきっかけになるはずです。 | | 3<br>│<br>4 |
| ・8人班でグループを組み，ニュースキャスター，リポーター，複数の難民当事者，受け入れ支援者，受け入れ国首脳，欧州理事会議長（ＥＵ大統領）などの配役を設定する。<br>・各配役の立場から「小さな問い」を立て，その問いの追究に必要となる情報を収集し，それぞれの立場によるインタビューの原稿を作成する。<br><br>・各班でニュース番組の演技の練習（リハーサル）を行う。 | ・教科書，資料集，インターネットを活用して，情報を収集し整理させていく。様々な立場の意見や声は，想像だけでなく，諸資料からの情報を根拠に考えることを重視する。<br>・各配役の立場が考察の視点となることを意識させ，インタビューの原稿作成を通して，必ずしも一方向ではなくジレンマを抱えながら地域統合が図られていることに気付かせる。<br>・班内での合意形成を図りながら，ニュースを構成するよう指導する。 | |
| ・制作したニュースの演技を実践する。同時に，各班でＴＰＣを使って，動画の撮影・編集をする。<br>・動画共有アプリ「Microsoft Stream」に動画をアップロードし，視聴する。（Streamのコメント機能を用いて，相互評価をすることもできる。） | ・安全面に留意しながら，学校敷地内の可能な範囲で演技と撮影を行う。<br>・様々な立場による意見や声を基に，難民受け入れの在り方の難しさを表現できているかなど，多面的・多角的な考察に資する動画の構成になるように助言する。 | 5<br>│<br>7 |
| ・これまでの話合い活動，演技活動を振り返り，ヨーロッパ州における難民の受け入れ策を地域的特色と関連付けて，知識をまとめる。<br><br>・単元を貫く問いについての考察をワークシートに論述する。<br><br>・これまでの学習活動を振り返り，自らの学びについての変容や自覚したこと，現代社会を考えるうえでの気付きなどを記述しまとめる。 | ・各観点のルーブリックを提示し，考察・まとめに取り組ませる。<br>・これまでの学習内容や新たに獲得した認識を基に知識をまとめさせる。<br>・ワークシート全体（特に単元冒頭での問いや疑問）を振り返り，学びの深まりや思考の変容について着目させる。<br><br>・各授業における学び・気づきやセルフマネジメントを基に振り返らせる。 | 8 |

# 社会科実践例②

## 1 単元を通じて実現を目指す「学びに向かう力」が高まっている生徒の姿

「明治時代を通して，日本はどのような国へと変わったか」という単元を貫く問いに対する自分の考えを記述する中で，明治時代の社会の変化の様子を多面的・多角的に考察し，表現している姿。

## 2 単元について

本単元「近代の日本と世界」は，近代の日本と世界を大観して，時代の特色を多面的・多角的に考察し，表現することをねらいとしている。この単元のうち，「C（1）ア（ウ）議会政治の始まりと国際社会との関わり」「C（1）ア（エ）近代産業の発展と近代文化の形成」の2つの小単元を内容のまとまりとして捉え，単元の学習を展開していく。

そこで，本単元では，「明治時代を通して，日本はどのような国へと変わったか」という単元を貫く問いに基づいて，明治時代の歴史的事象について，その成果と課題，日本の視点と他国からの視点，政治的側面・経済的側面・外交的側面・文化的側面など，多面的・多角的に考察する姿を目指したい。また，この活動を通して，「立憲制の国家が成立して議会政治が始まるとともに、我が国の国際的な地位が向上したこと」や「我が国で近代産業が発展し、近代文化が形成されたこと」を理解することを目標とする。

## 3 「指導と評価の一体化」を目指した観点別学習状況のあり方

### （1）「知識・技能」の指導と評価

単元の前半では，「明治時代後半に日本でどのような出来事が起こったか」という問いに対する小さな問いを毎時間提示し，その問いに対する自分の考えを記述する活動を通して知識・技能の習得を目指す。その際，記述した自分の考えを，4人班で共有する場面を設定し，他者の考えを参考にできるようにする。また，単元の後半では，これまでに習得した知識・技能を活用して，明治時代における社会の変化の様子を多面的・多角的に考察する課題に取り組む。この課題の取組状況を含め，単元末にワークシートの記述を分析することで，明治時代における社会の様子を理解できているかを評価する。

### （2）「思考・判断・表現」の指導と評価

「明治時代を通して，日本はどのような国へと変わったか」という単元を貫く問いに対して，単元の前半で習得した知識・技能を活用して，自分の考えを表現できるように指導する。特に，自分の主張を裏付けるための根拠を明確に示し，説得力をもたせられるように促す。また，知識の活用場面でも4人班での活動を設定し，他者の主張とその根拠を相互評価する中で，より多くの視点から明治時代の歴史的事象を捉えられるように指導する。単元末に課題の取組状況を分析して，明治時代の社会の変化の様子を多面的・多角的に考察できているかを評価する。

### （3）「主体的に学習に取り組む態度」の指導と評価

単元の初めに記述する「学習前の自分の考え」，単元の展開の中で学習の振り返りを記述する「付箋」，単元の終末に記述する「単元の学習を通して自分の思考が深化した点」をワークシートの1ページに時系列でまとめさせる。この活動を通して，8単位時間の学習の中で，自己の学習の軌跡やその調整の過程などを見つめながら，主体的に学習に取り組む態度を育成できるように指導する。ま

た，単元末にこれらの記述を分析することで，主体的に学習に取り組む態度を評価する。

## 4 授業の構想

本単元では，「習得ボード」，「活用ボード」，「深化ボード」の3つをまとめた一枚式ワークシートを使用する（図1）。

図1 本単元で使用する一枚式ワークシート

単元の第1時では，単元の学習の導入を行いながら，「深化ボード」に単元を貫く問い「明治時代を通して，日本はどのような国へと変わったか」に対する学習前の自分の考えを記述する活動を行う。ここで記述した内容を単元の学習後に振り返らせることで，単元での学びの深まりを実感させることが目的である。

第1次では，明治時代における様々な出来事に関する小さな問いを追究する活動を通して，知識・技能の習得を目指す。まず，大日本帝国憲法の制定，条約改正交渉，日清戦争と日露戦争，産業革命と近代文化の起こり，という4つの歴史的事象について，それぞれ小さな問いを毎時間提示する。次に，それらの問いに対する自分の考えを記述するために必要な知識を「習得ボード」にまとめさせる。生徒たちは教科書や資料集をベースに情報収集を行うが，必要に応じてTPCを用いてさらに情報収集する場合もある。そして，これらの習得した知識を基に，問いに対する自分の考えを記述する。その際，記述した自分の考えを4人班で共有する時間を設けることで，協働的に学ばせることを通してより深い学びにつなげられるようにする。また，適宜，これまでの学習の振り返りや今後の課題について付箋に記入し「深化ボード」に貼付することで，学びの経過を時系列でたどれるようにする。

第2次では，習得した知識・技能を活用して，「明治時代初期から明治時代末にかけてどのような社会の変化が見られたか」を整理する活動を行う。明治時代の社会の変化を多面的・多角的に考察できるよう，思考ツールを活用して，第1次で習得した知識・技能を整理していく。それによって，近代の社会の変化の様子を多面的・多角的に考察する姿の実現を目指す。また，この活動の中で，「習得ボード」に記述した内容を振り返ったり，そこに新たな情報を追記したりしながら，知識・技能のさらなる習得を目指す。また，ここでも自分の記述したことを4人班で共有する時間を設けることで，他者の考えを参考にできるように工夫する。

第3次では，「明治時代を通して，日本はどのような国へと変わったか」という単元を貫く問いについて，パフォーマンス課題を通じて最終的な自分の考えを記述する活動を行う。これまで，明治時代について多面的・多角的に考察した成果を発揮して，自分の考えを表現しながら，明治時代の特色をより深く理解できるようにする。

また，単元の最後に「深化ボード」にある記述（学習前の自分の考え，付箋など）を振り返り，本単元を通してどのように学びが深まったかをまとめる。それにより，この単元の学習を通じて得られた学びを一人一人が実感することとなる。こうした一連の学習のプロセスを経て，主体的に学習に取り組む態度を育成していく。 　　　　　（礒 崇仁）

[資料] 　資質・能力育成のプロセス（8時間扱い）

| 次 | 時 | | 評価規準 | 【　】内は評価方法<br>及び<br>Cと判断する状況への手立て |
|---|---|---|---|---|
| 1 | 1 | 知 | 自由民権運動，大日本帝国憲法の制定，日清・日露戦争，条約改正などの歴史的事象について大きな流れを理解している。（○） | 【行動の観察】【ワークシートの記述の確認】<br>C：資料から読み取れることについて助言し，気付いたことを記述させる。 |
| | | 知 | 我が国の産業革命，この時期の国民生活の変化，学問・教育・科学・芸術の発展などについて大きな流れを理解している。（○） | 【行動の観察】【ワークシートの記述の確認】<br>C：資料から読み取れることについて助言し，気付いたことを記述させる。 |
| | 2<br>―<br>5 | 知 | 学習課題の追究を通して，自由民権運動，大日本帝国憲法の制定，日清・日露戦争，条約改正などの歴史的事象について理解している。（○） | 【ワークシートの記述の確認】【付箋の記述の確認】<br>C：教科書等を活用し，主な出来事をワークシートにメモをとらせながら，明治時代の出来事を整理させる。 |
| | | 知 | 学習課題の追究を通して，我が国の産業革命，この時期の国民生活の変化，学問・教育・科学・芸術の発展などについて理解している。（○） | 【ワークシートの記述の確認】【付箋の記述の確認】<br>C：教科書等を活用し，主な出来事をワークシートにメモをとらせながら，近代産業の発展や近代文化の形成を理解させる。 |
| 2 | 6<br>―<br>7 | 思 | 「明治時代初期から明治時代末にかけてどのような社会の変化が見られたか」という問いに対して，多面的・多角的に考察し，表現している。（○） | 【行動の観察】【ワークシートの記述の確認】【付箋の記述の確認】<br>C：第1次までに記述した内容を生徒と確認し，それを基に明治時代の社会の変化について気付いたことを口頭で問いながら，自分の考えを記述するように促す。 |
| 3 | 8 | 思 | 近代の社会の変化の様子を多面的・多角的に考察し，「明治時代を通して，日本はどのような国へと変わったか」という問いに対する自分の考えを表現している。（◎） | 【ワークシートの記述の分析】<br>C：第2次までに記述した内容を生徒と確認し，明治時代の社会の変化について気付いたことを口頭で問いながら，自分の考えを記述するように促す。 |
| | | 知 | 立憲制の国家が成立して議会政治が始まるとともに，我が国の国際的な地位が向上したことを理解している。（◎） | 【ワークシートの記述の分析】<br>C：第2次までに記述した内容を生徒と確認し，我が国の国際的な地位が向上したことに気付かせる。 |
| | | 知 | 我が国で近代産業が発展し，近代文化が形成されたことを理解している。（◎） | 【ワークシートの記述の分析】<br>C：第2次までに記述した内容を生徒と確認し，近代産業の発展と近代文化の形成に気付かせる。 |
| | | 態 | これまでの学習の振り返りを通して，よりよい社会の実現を視野にそこで見られる課題を主体的に追究しようとしている。（◎） | 【ワークシートの記述の分析】<br>C：学習前に記述した自分の考えを振り返り，授業を通して考えが広がったり深まったりしたことについて口頭で問いながら，記述する手助けをする。 |

| 主たる学習活動 | 指導上の留意点 | 時 |
|---|---|---|
| ・明治時代後半の日本と世界を大観できる資料を提示し，そこから読み取れる日本の様子を整理する。<br><br>【単元を貫く問い】明治時代を通して，日本はどのような国へと変わったか。<br><br>・学習プランを通じて，単元の目標や学習方法など，見通しを確認する。<br>・単元を貫く問いに対して，学習前の自分の考えを「深化ボード」に記述する。 | ・生徒一人一人が資料と向き合い，気付いたことを記述できるようにするため，個人で取り組む時間を確保する。その上で，学級全体で気付いたことを共有する。<br>・単元を貫く問いに対する学習前の考えの記述を評価し，生徒の学習前の状況を把握する。 | 1 |
| 【問い】明治時代後半に日本でどのような出来事が起こったか。<br><br>・大日本帝国憲法の制定，条約改正交渉，日清戦争と日露戦争，産業革命と近代文化の起こりについて，教科書等を用いて調べる。<br>・調べたことを生かして，各時に提示される問いに対する自分の考えを記述する。<br>・自分の考えやその根拠を4人班で共有し，他者の考えを追記したり，自分の考えを修正したりする。<br>・深化ボードに学習の自己評価を記入し，気付いたことを付箋に書き込んで，学級全体で共有する。 | ・教科書等で主な出来事を調べる際に有効となる資料やそのページ数等を全体で共有する。<br>・それぞれの出来事を調べる際に，本時の問いに対する自分の考えを記述する上で必要な情報を引き出せるように資料を読むように促す。<br>・4人班で自分の考えを共有する際には，それぞれがその判断の根拠とした部分に耳を傾けて，自分の考えを赤字で修正するように促す。<br>・自分の考えや付箋の記述について，代表的なものを取り上げ，共有する。 | 2<br>―<br>5 |
| 【問い】明治時代初期から明治時代末にかけてどのような社会の変化が見られたか。<br><br>・第1次で整理した知識を活用して，明治時代の社会の変化を思考ツールに整理する。その際，様々な側面や様々な立場を意識して，多面的・多角的に考察するように指導する。<br>・記述した内容を4人班で相互評価し，他者の考えを追記したり，自分の意見を修正したりする。<br>・深化ボードに学習の自己評価を記入し，気付いたことを付箋に書き込んで，学級全体で共有する。 | ・「明治時代初期から明治時代末にかけてどのような社会の変化が見られたか」について考察し，表現する上で，第1次で習得した知識を生かして整理するように促す。<br>・4人班で記述した内容を共有する際には，それぞれがその判断の根拠とした部分に耳を傾けて自分の考えを赤字で修正するように促す。 | 6<br>―<br>7 |
| 【単元を貫く問い】明治時代を通して，日本はどのような国へと変わったか。<br><br>・単元を貫く問いについて，学習後の自分の考えを記述する。<br>・「深化ボード」に，単元の学びを終えて自分の思考がどのように変化したかを記述する。 | ・これまで明治時代について多面的・多角的に考察した成果を発揮して，自分の考えを表現するように促す。<br>・これまで記述した学習前の自分の考え，授業時の自己評価，付箋等を参考にしながら，自己の学びがどのように深まってきたかを振り返るように意識させる。 | 8 |

# 数学科

実践例①〜③

## 1　本校数学科が考える「生きて働く［知識・技能］」

本校数学科では，習得を目指す「生きて働く［知識・技能］」を「他の学習や生活の場面でも活用できる発展性のある知識・技能」であると捉え，その学習過程を**図1**のように考えた。

既習の知識や技能では解決しきれない「問い」に出合わせることで，生徒は既習の知識や技能を新たな視

図1　「生きて働く［知識・技能］」の習得を目指した学習過程

点から捉え直すなど，再構成させる必要性を実感するだろう。また，問題解決後には学習内容を振り返らせることで，生徒自身が再構成した知識や技能の価値を実感させたい。このことが，他の活用場面を考えるきっかけとなり，場合によっては，学習内容の適用範囲に気付き，次の学習に向けて，探究したいと感じる「問い」を生徒自身が作り出すことができると考える。

## 2　「生きて働く［知識・技能］」の指導と評価の実際

「次年度の学習でも活用できる発展性のある知識・技能」の習得を目指して，本校数学科では，学年を越えて「共通の教材」を用いた授業を設計した。「共通の教材」を用いることで，「生きて働く［知識・技能］」が再構成されていく様子を，教師も生徒自身も評価しやすくなると考えた。

例えば，「A数と式」領域においては，カレンダーを「共通の教材」とし，カレンダー上に「縦2個，横2個の計4個の数を正方形状に囲む」という最初の条件も，全ての学年で統一させた。結果，ワークシート等の記述から，生徒が学年ごとに思考を更に発展させていく様子が見られた。各学年の単元末では，それぞれの学習内容の価値を生徒に記述させ，その内容から既習との関連や差を読み取り，「生きて働く［知識・技能］」の習得状況を評価した。

第1学年では，囲まれた数の総和をもとに，囲った場所を問う課題を提示した。生徒は「数量や数量の関係を文字を用いた式で表したり，その意味を読み取ったりすること」を既習として方程式を立てた。方程式を解く過程では，各項の意味から離れ，形式的に操作することで解を求められるということを新たに学んでいた（**図2**）。

第2学年では，囲まれた数の和が4の倍数になることを証明させた。生徒は「文字を用いた式を使って一般的に表現する」という既習の知識や技能を働かせた。学習を通して，文字式には，

未知数を求めるために用いる活用法に加え，見いだした性質を演繹的に証明するために用いる活用法もあることを実感していた（図3）。証明に用いる文字式の活用法に価値を実感できた生徒は，囲み方を自由に変化させ，様々な性質を証明していた。

　第3学年では，囲まれた4個の数において，対角線上の2数の積の差が「7」になる理由を考えさせた。生徒は「文字を用いた式を使って演繹的に証明できる」という既習の知識や技能を働かせ，差が「7」になることを証明した。その後，証明を読み返すことで「7」が週の日数であることに気がついた。学習を通して，証明を読み返すことが新たな性質の発見につながることを実感していた（図4）。証明を読み返す価値を実感した生徒は，囲み方のみならず，週の日数も変化させるなど，カレンダーから一般的な数表に発展させ，様々な性質を見いだしていた。

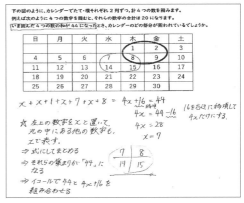

図2　1年生のワークシートと生徒の記述

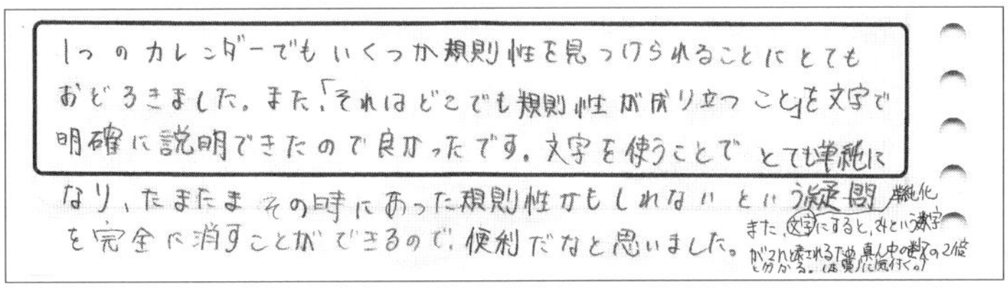

図3　2年生の振り返りの記述

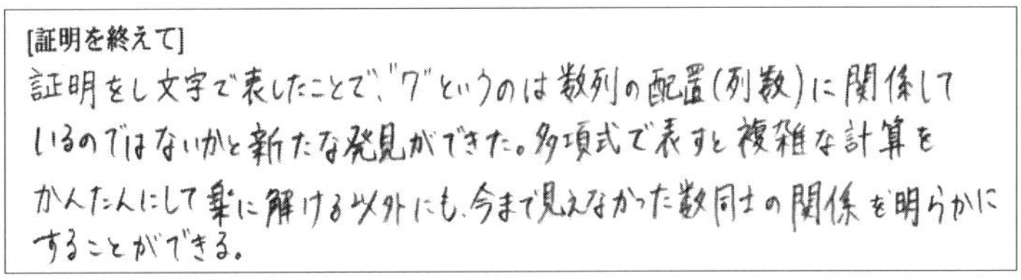

図4　3年生の振り返りの記述

## 3　実践の成果と今後への課題

　学年を越えて，「共通の教材」を用いた授業を設計することで，教師が協働して学校としてのカリキュラムを作成している実感をもつことができた。また，各学年の指導内容や前後の学年の指導内容についても整理しやすく，「生きて働かせる［知識・技能］」がより明確になった。

　一方で，教材の出合わせ方に課題を感じた。単に「共通の教材」を用いればよいのではなく，授業で用いる「教材」が学年ごとに異なったとしても，「その教材を他学年でも扱うとしたら？」と教師自身が吟味した上で授業を設計することで，生徒自身から，探究したいと感じる「問い」を引き出すことができると考えられる。

　今後も，継続的に研究を重ね，「生きて働く［知識・技能］」の習得を支えていきたい。

# 数学科実践例①

## 1　単元を通じて実現を目指す「学びに向かう力」が高まっている生徒の姿

　二つの数量の関係を表やグラフや式で表すことができ，その特徴を読み取るために班員と意見を交わし，粘り強く考えている姿。

## 2　単元について

　本領域では，様々な事象の中に潜む関係や法則を数理的に捉え，数学的に考察し，表現できるようにすることがねらいとされている。二つの数量の関係性を表とグラフと式で表すことは「特徴や違いを可視化させる手段」であり，二つの数量の関係性を読み取る力は，実社会の中で「判断力」や「予測する力」に関わってくる大切な資質・能力である。その土台を作るために，本単元では「比例と反比例」を通して学習していく。一定の割合で変化する数量だけでなく実測値も扱い，現実の世界と数学の世界の両方を意識させながら考察の場面を多く取り入れていく。

## 3　「指導と評価の一体化」を目指した観点別学習状況のあり方

### （1）「知識・技能」の指導と評価

　比例や反比例としての「知識・技能」だけではなく，関数の基礎を習得するための「知識・技能」としても学習を進めていきたい。未知なる変化をする二つの数量に関して，表でまとめ，点をプロットとし，グラフ化し，その特徴を捉えていく。もしくは，表から数的関係を見いだし，式で表すことでその特徴を捉えるかもしれない。いずれにせよ，「表⇔グラフ⇔式」から特徴を考察したり，結果を見通したりする過程を大切にしながら授業を進めていく。

　例えば，動点の問題では，動点の速さや動き方を自分で変えることによって，一次関数などの別の関数へと変わる。比例とは異なるグラフや式にも触れさせることで，比例と比較することになり，確実な知識や技能の習得へとつながっていくのではないかと考えている。授業では，グラフから考察し，説明させる過程において，より具体的に説明することを意識した。例えば，グラフが単に急に傾いているという表現ではなく，傾きを数値で表し，伝えることを意識させた。基本的な数学の用語やグラフ，式の表し方については小テストの結果で評価するとともに，単元末にまとめるワークシートの記述からも評価していく。

### （2）「思考・判断・表現」の指導と評価

　何を根拠にどのように思考・判断し，表現したのかを明確にしながら指導していきたい。例えば，二つの数量関係を表から比例の関係と判断したのならば，表のどのような特徴を根拠として比例と判断したのか，グラフから考察を行った際は，グラフのどのような特徴を根拠に反比例と判断し考察に至ったのかを明確にさせながら学習を進めていきたい。課題としては，関数関係を自ら見つけて，表でまとめ，比例とみなしてグラフを考察するような問いにも取り組ませたい。そして，授業中のワークシートによる記述から，どのような根拠で考察に至ったのかを評価するとともに，単元末にまとめるワークシートの記述から評価していく。

### （3）「主体的に学習に取り組む態度」の指導と評価

　単元導入時に関数を利用する課題に取り組ませ，この単元を学習するとどのような数学的な考え方が高まるのかを実感させることで学習する意義を伝えたい。それを踏まえて，

単元の学習計画である「学習プラン」を用いて，学習内容について全体で共有し，自らの学習の目標を立てるように促す。単元の途中では，自ら立てた学習目標を振り返る場面を設定し，そして，単元末には自己評価を記入させ，その記述から評価していく。

## 4 授業の実際

> 縦が5cm，横が4cmの長方形ABCDがあります。点Pは，長方形の辺上を点Aから点Bに向かって動いています。点Pが最も早く動くときは，毎秒6cmです。
> APの長さをx cmとしたときの三角形APDの面積をy cm²として、xとyの関係をグラフで表してみよう。

ここでは，点Pが点Bまで動いたあとは各自で考えて自由に動かせること，また速度も自由に変えられ

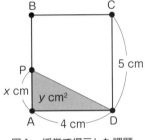

図1 授業で提示した課題

る課題とした（図1）。そのことによって，点Pの動きや速度に関する質問が飛び交う中で，授業が進むこととなった。

はじめに「点Pが最も早く動く毎秒6cmで点Bまで動いた場合」を考えさせた。その後に点Pを自由に動かしグラフを作成させ，各々が考えたグラフを班員に見せ，考察させた。個人で点Pを自由に動かし，グラフを作成している途中でも，「グラフの速さを途中で変えても良いですか」や「動く点を増やしてもよいですか」と言う質問が出てきた。

各々で考えさせている中，図2のようなグラフをかいた生徒がいたので全体で共有し考察することとした。

このグラフをもとに，点Pがどのような動き方をしたのかを考察させると，生徒は「グラフが三角形でかかれているので，辺ABを点Pが何回も往復したと思います。また，はじめは早く動いていることがわかりま

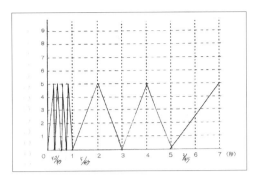

図2 全体で共有

す。」と答え，周りの生徒もうなずいている様子があった。グラフの読み取りとしては間違ってはいない。しかし，考察し，特徴を伝える上で，数値を使って説明することで伝わる印象が変わることを話し，相手に特徴がより伝わる言い方を考えさせた。

その後に，もう一度グラフの特徴を聞いてみると「点Pは辺ABを6往復し，最後に点Bで止まっている。」や「グラフの高さを考えると点Pは辺ABの真ん中で折り返して動いたのではないだろうか」，「グラフの傾きから前半は毎秒50cm，後半は毎秒5cmの速さで動いている」と言う意見が出された。点Pの動き方や速さがより具体化される中で，比例定数や変域の意味，比例のグラフを式で表すことなど，これまで学習した「知識・技能」の価値を実感できる授業となった。

グラフの傾きを数値で表すことができれば，原点を通っているグラフは式で表すことができる（図3）。しかし，原点を通っていないグラフに関しては2年次に学習するため，式で表すことができない。関数領域において，比例の限界を感じさせ，次年度へとつなげたい。

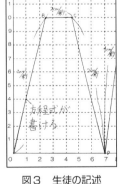

図3 生徒の記述

（松本 裕介）

[資料]　資質・能力育成のプロセス（15 時間扱い）

| 次 | 時 | 評価規準 | 【　】内は評価方法 及び Cと判断する状況への手立て |
|---|---|---|---|
| 1 | 1<br>―<br>4 | 思　比例を用いて具体的な事象を捉え，考察し，表現することができる。（○） | 【ワークシートの記述の確認】<br>C：変化の様子を表に整理させたあと，点をプロットさせ，グラフの形状を予想させる。 |
| | | 知　比例について理解し，比例を表,式,グラフなどに表すことができる。（○◎） | 【ワークシートの記述の確認】<br>【小テストの分析】<br>C：ワークシートや教科書の記述を読み返し，具体的な問題の解き方を確認させる。 |
| | 5<br>―<br>7 | 思　比例として捉えられる二つの数量について表，式，グラフなどを用いて調べ，それらの変化や対応の特徴を見いだすことができる。（○） | 【行動の観察】<br>【ワークシートの記述の確認】<br>C：班員の考え方を参考にさせ，問題の解き方を確認させる。 |
| | | 態　比例について，数学的活動の楽しさや数学のよさに気付いて粘り強く考え，比例について学んだことを生活や学習に生かそうとしたり，比例を活用した問題解決の過程を振り返って検討しようとしたりしている。（○） | 【ワークシートの記述の点検】<br>C：これまで努力できたこととこれから頑張りたいことを具体的に記述するように促す。 |
| 2 | 8<br>―<br>10 | 思　反比例を用いて具体的な事象を捉え，考察し，表現することができる。（○） | 【ワークシートの記述の確認】<br>C：変化の様子を表に整理させたあと，点をプロットさせ，グラフの形状を予想させる。 |
| | | 知　反比例について理解し，反比例を表，式，グラフなどに表すことができる。（○◎） | 【ワークシートの記述の確認】<br>【小テストの分析】<br>C：ワークシートや教科書の記述を読み返し，具体的な問題の解き方を確認させる。 |
| | 11<br>―<br>13 | 思　反比例として捉えられる二つの数量について表式，グラフなどを用いて調べ，それらの変化や対応の特徴を見いだすことができる。（○） | 【ワークシートの記述の確認】<br>C：ワークシートや教科書の記述を読み返し，具体的な問題の解き方を確認させる。 |
| | | 思　反比例を用いて具体的な事象を捉え，考察し，表現することができる。（○◎） | 【行動の観察】<br>【ワークシートの記述の分析】<br>C：変化の様子を表に整理させたあと，グラフの形状を予想させる。 |
| | | 態　反比例について，数学的活動の楽しさや数学のよさに気付いて粘り強く考え，反比例について学んだことを生活や学習に生かそうとしたり,反比例を活用した問題解決の過程を振り返って検討しようとしたりしている。（○） | 【ワークシートの記述の点検】<br>C：これまで努力できたこととこれから頑張りたいことを具体的に記述するように促す。 |
| | 14<br>―<br>15 | 思　比例を用いて具体的な事象を捉え，考察し，表現することができる。（○◎） | 【ワークシートの記述の分析】<br>C：ワークシートや教科書の記述を読み返し，具体的な問題の解き方を確認させる。 |
| | | 態　比例や反比例を活用した問題解決の過程を振り返り，評価・改善しようとしている。（◎） | 【単元まとめレポートの記述の分析】<br>C：これまでのワークシートを見返し，本単元の学習内容を確認させる。 |

| 主たる学習活動 | 指導上の留意点 | 時 |
|---|---|---|
| 【課題】<br>エスカレーターを歩くと，どのくらい早くなるのかを考えてみよう。<br><br>・比例について，エスカレーターを歩く人数と時間の関係を基にして，「表，グラフ，式」で表現する。<br>・「学習プラン」を用いて，本単元の比例の見通しを全体で共有し，自身の学習目標を考える。 | ・動画を見せ，エスカレーターを降りる人数と時間を記録させる。それらを表にまとめ，点をプロットさせることで，学習のねらいにせまる。比例を学習することで，どんな数学的な考え方が高められるのかを理解させる。 | 1<br>｜<br>4 |
| 【課題】<br>水槽の水位の変化を式やグラフで表わそう。<br><br>・関数 y＝axの特徴を表，式，グラフで捉えるとともに，それらを相互に関連付ける。<br>・「学習プラン」を用いて，本単元の比例における学習を振り返る。 | ・既習の「比例」を関数の概念として理解できるようにする。<br>・グラフの変化に着目させ，特徴を正しく読み取らせる。<br>・自己の現状を分析し，達成可能な努力目標を考えるように促す。 | 5<br>｜<br>7 |
| 【課題】<br>電子レンジで弁当を加熱するときの時間を考えてみよう。<br><br>・反比例について，電子レンジで弁当を加熱した時間とワット数の関係を基にして，「表，グラフ，式」で表現する。<br>・「学習プラン」を用いて，本単元の反比例の見通しを全体で共有し，自身の学習目標を考える。 | ・小学校で学習した反比例をそう想起させ，その特徴を理解させる。<br>・「熱量」＝「加熱時間」×「ワット数」の関係に着目させる。<br>・Excelを使用して，反比例のグラフがなめらかな曲線になることを理解させる。 | 8<br>｜<br>10 |
| 【課題】<br>水槽を満水にするときの時間の変化を視覚的に捉えてみよう。<br><br>・単元の学習内容と学習の意義，及び学習前後での自身の変容をワークシートにまとめる。 | ・反比例の特徴を，表やグラフや式において比例との相違点を確認させながら理解させる。<br><br>・他者からのアドバイスを踏まえて，ワークシートを記入し，再度自身の学習を振り返らせる。 | 11<br>｜<br>13 |
| 【課題】<br>動点Pの動きと面積の関係をグラフで表現しよう。<br><br>・面積の変化を表すグラフを考察する。<br>・「単元まとめレポート」を作成させることで，本単元の学習を振り返る。 | ・グラフの傾きを，数値で読み取らせることで，変化の違いを明確にさせ，課題を解決させる。<br><br>・単元のまとめレポートから自身の学習を振り返らせる。 | 14<br>｜<br>15 |

## 数学科実践例②

### 1 単元を通じて実現を目指す「学びに向かう力」が高まっている生徒の姿

　一次関数を用いて課題を解決するなかで目的に応じて表，式，グラフを適切に選択し，的確に表現することを通して課題解決の過程を評価・改善しようとしている姿。

### 2 単元について

　具体的な事象から観察や実験などによって取り出した二つの数量について，事象を理想化したり単純化したりすることによって，それらの関係を一次関数とみなすこと，また，そのことを根拠として変化や対応の様子を考察したり予測したりすることができることを目指す。

　中学校第１学年でも扱われる「動点問題」について一次関数を用いて，第１学年よりも細かい部分まで分析を行っていく。具体的には，交点の座標を求めることや，その交点がその事象において何を意味しているのかなどを考察していく。

### 3 「指導と評価の一体化」を目指した観点別学習状況のあり方

#### （1）「知識・技能」の指導と評価

　既習の内容だけではうまく取り組めない場面を設定することで，新たな知識や技能の必要性を感じさせ，習得を促したい。例えば，動点の問題では，正方形の辺上を動く２点がそれぞれつくる三角形の面積が等しくなるのは，どのタイミングかを考えさせる。その際，既有の知識だけでは膨大な作業量が必要となり解決が困難である。効率的な解決に必要となる式を立てたり，グラフを考え交点を求めたり，情報を読み取らせたりするという「知識・技能」を指導し，小テストやワークシート，まとめレポートの記述から評価する。

#### （2）「思考・判断・表現」の指導と評価

　「思考・判断・表現」は，「知識及び技能」を活用して課題を解決するために必要な「思考力，判断力，表現力等」を身に付けているかを評価するものである。桜の開花日を予想する学習課題では，観測や実験によるデータの点がおよそ一直線上に並んでいることをもとにして，桜の開花日が気温だけで決まる，と事象を単純化して考察する活動を行う。そして，それを一次関数とみなし，開花日を予測し，その根拠を説明させたい。授業内のグループ学習を通して自身の考えを適切に伝える場面を設定し，ワークシート，まとめレポートの記述から評価する。

#### （3）「主体的に学習に取り組む態度」の指導と評価

　単元の導入時には，「学習プラン」を用いて，これまでの関数領域の学習で出来るようになったことや，そのことをどのような場面で活用することが出来たのかなど，小学校で学習したことを含め以前の学習を振り返る時間を設定する。その後，評価規準や評価方法，単元を貫く問いなどを全体で共有する。教師が生徒に「どうなってほしいのか」を伝えると同時に，生徒自身が単元終了時に「どのようなことができるようになりたいのか」を記述させ，それに向かって粘り強く学習に励む姿を後押ししていきたい。単元の途中では，これまでの学習を振り返り，自身の目標に向けて足りないことを振り返る時間を設ける。他者と共有し，助言をしたり，されたりすることを通して学習の調整を図ることを促したい。単元の終末では，単元の学習前の自身の記述を参照しながら，新たにできるようになったことはなにか，そのことを今後どのような場面で活用させていくかを記述させ，単元の学習を通して自己の変容を認知させたい。

## 4 授業の構想（第8時）

本時までに，事象の中には比例・反比例の他に，一次関数として捉えられるものがあることを押さえている。比例が一次関数の特別な場合であるという認識のもと，一次関数の表・式・グラフを用いて変化や対応に関する特徴を考察し表現することを学習している。

本時では，図1のような1辺4cmの正方形 ABCD の辺上を毎秒1cmで動く点 P によって変化する△APD の面積の考察を主に行っていく。

本時の目標を「関数を表す式を2元1次方程式とみて，連立方程式を用いることで直線の交点の座標を求めることが出来る理由を考察し理解する」と設定する。

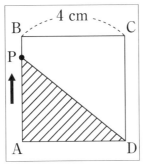

図1　動点の問題

まず『点 P は，1辺4cmの正方形 ABCD の辺上を毎秒1cmで A→B→C→D→A と一周動きます。点 P が点 A を出発してからの△APD の面積の変化の様子を調べましょう。』という課題を提示する。生徒は，数量の変化を扱う際に，表，式，グラフが有効であるというこれまでの学びを生かし，これらを駆使して表現しようと試みる。様々な意見をクラス全体で共有する中で，これまでの学習を振り返りながら，表，式，グラフの良さについて触れたい。

次に，新たに点 Q を登場させ『点 P は，1辺4cmの正方形 ABCD の辺上を毎秒1cmで A→B→C→D→A と一周動きます。点 Q は，1辺4cmの正方形 ABCD の辺上を毎秒2cmで A→B→C→D→A →…と周期的に動きます。点 P と点 Q は同じ時刻に点 A を出発します。点 P が一周するまでに，△APD と△AQD の面積の関係について読み取れることを挙げてみましょ

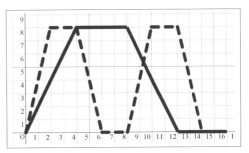

図2　△APD の面積変化（実線）と△AQD の面積変化（点線）のグラフ

う』という課題を提示する。生徒は，△APD と新たに登場した△AQD の面積の関係を考察するためには，数値が離散的に表現された表ではうまくいかず，グラフをかくことで面積の関係を把握しやすくなることに気が付く。生徒がグラフをかいたあと，図2のグラフから読み取れることを挙げるように再度促す。「点 P が一周する間に点 Q は2周している」「グラフが3箇所でぶつかっている」などの意見が生徒から出てくることが予想される。グラフの交点に着目した発言を取り上げながら，グラフの交点を求める必要性や座標を正確に読み取りたいという意欲を刺激したい。既有の知識だけではうまく取り組めない場面に出合わせることで，直線の交点の座標を求めるという新たな「知識・技能」の必要性を感じさせ，習得を促したい。直線を式で表し，連立方程式を解くことで交点の座標を求めることができるのではないか，という生徒の発言を拾い，連立方程式で交点の座標を求め，Geogebra 上で妥当性を確認する。格子点ではないことから，本当に正しいかは確認できないことを示唆しつつ，本時の目標である「なぜ」連立方程式を解くと交点の座標を求めることができるのかについて，グループ内で議論させ，クラスで共有する。最後は，生徒が自らの言葉で，連立方程式を用いることで直線の交点の座標を求めることができる理由を記述できるようになることを目指す。

（工　健太郎）

[資料]　資質・能力育成のプロセス（15時間扱い）

| 次 | 時 | 評価規準 | 【　】内は評価方法<br>及び<br>Cと判断する状況への手立て |
|---|---|---|---|
| 1 | 1<br>－<br>7 | 知　事象の中には一次関数として捉えられるものがあることを知っている。（○） | 【行動の観察】【ワークシートの記述の確認】<br>C：図形とともに変化する図形やマッチ棒の数，水槽に貯まる水量など実験を通してイメージさせる。 |
| | | 思　一次関数として捉えられる二つの数量について，変化や対応の特徴を見いだし，表，式，グラフを相互に関連付けて考察し表現することができる。（○） | 【行動の観察】【ワークシートの記述の確認】<br>C：既習の「比例」と比較し，「表，式，グラフ」それぞれにおいて，何が異なるのかを具体的に整理させる。 |
| | | 知　一次関数について理解している。（◎） | 【ワークシートの記述の分析】【小テストの分析】<br>C：ワークシートや教科書の記述を読み返し，具体的な問題の解き方を確認させる。 |
| 2 | 8<br>－<br>10 | 知　二元一次方程式を関数を表す式とみることができる。（○） | 【行動の観察】【ワークシートの記述の確認】<br>C：二つの直線の交点が連立方程式で求められることをグラフ上で実感させる。 |
| | | 思　一次関数を用いて具体的な事象を捉え考察し表現することができる。（○◎） | 【行動の観察】【小テストの分析】<br>C：ワークシートや教科書の記述を読み返し，具体的な問題の解き方を確認させる。 |
| | | 態　一次関数について，数学的活動の楽しさや数学のよさを実感して粘り強く考え，一次関数について学んだことを生活や学習に生かそうとしたり，一次関数を活用した問題解決の過程を振り返って評価・改善しようとしたりしている。（○） | 【ワークシートの記述の確認】<br>C：これまで努力できたこととこれから頑張りたいことを具体的に記述するように促す。 |
| 3 | 11<br>－<br>13 | 思　一次関数を用いて具体的な事象を捉え考察し表現することができる。（○◎） | 【ワークシートの記述の確認】【レポートの分析】<br>C：一次関数とみなすことによって，未知の値が予測できることに気付かせる。 |
| 4 | 14<br>－<br>15 | 態　一次関数について，数学的活動の楽しさや数学のよさを実感して粘り強く考え，一次関数について学んだことを生活や学習に生かそうとしたり，一次関数を活用した問題解決の過程を振り返って評価・改善しようとしたりしている。（○◎） | 【単元まとめレポートの記述の分析】<br>C：ワークシートや教科書の記述を読み返し，数学的な用語の意味や関数を用いた課題解決の方法をまとめさせる。<br>【ワークシートの記述の分析】<br>C：自らが立てた目標に対して，どこまで達成できたのかを記述させ，自己の変容に気付かせる。 |

| 主たる学習活動 | 指導上の留意点 | 時 |
|---|---|---|
| ・「学習プラン」を用いて，本単元の学習内容・評価規準・評価方法を全体で共有し，自身の目標を考える。<br>・これまでの学習を振り返りながら，関数や変域の定義を再確認する。<br><br>【課題】<br>1辺1cmの正方形を図のように，1段，2段，3段と積んでいきます。段数が変わると，それにともなってどのような量が変化していきますか。<br><br>・部屋の番号とそれにともなって変わる変量の関係を式で表現し，式の形から比例・二次関数などと比較しながら一次関数を定義する。<br>・変化の割合を定義し，二次関数と比較しながら，一次関数のグラフが直線になることを確認する。<br>・比例のグラフと平行移動の関係性を考察する。<br>・変化の割合やグラフの傾き，切片が具体的な事象においてどのような意味をもつのか考察する。 | ・扱う集合つまり定義域と値域を考えることを含めて関数といえる対応と関数といえない対応を判断できるようにする。<br><br>・既習の「比例」と比較しながら一次関数についての概念とその特徴を理解できるようにする。<br><br>・グラフが直線になることを変化の割合が一定であることから理由付けさせる。<br><br>・一次関数 $y = ax^2$ を「表，式，グラフ」で捉えるとともに，それらを相互に関連付ける。<br><br>・表，式，グラフの統合的な扱いができるように練習問題の演習も定期的に行う。 | 1<br>―<br>7 |
| 【課題】<br>動点Pの動きと面積の関係を表，式，グラフなどで表現しよう。<br><br>・面積の変化を表すグラフを既習の内容と比較して考察する。<br>・二元一次方程式が無数の解をもつことや連立二元一次方程式の解の意味を一次関数のグラフを用いて視覚的に考察する。<br>・「学習プラン」を用いて，本単元の前半部分における学習を振り返り，後半部分の学習目標を考える。<br>・4人班で報告し合い，互いにアドバイスする。 | ・グラフを用いることにより，連立二元一次方程式の解の意味を視覚的に捉えて理解させる。<br><br>・「比例」との違いを意識させる。面積変化のグラフが線対称の図形になることを強調して，条件を発展的に変えることを促し，「二次関数」につなげていく。<br><br>・現状を冷静に自己分析し，残り時数を鑑みて，達成可能な努力目標を考えるよう促す。 | 8<br>―<br>10 |
| ・一次関数である事象から扱い始め，一次関数とみなせるかどうか不明な事象まで段階的に扱っていく。<br><br>【課題】<br>2023年の桜の開花日を予想しよう。 | ・一次関数と「みなす」ことが可能かどうか，可能ならば何をどのように仮定して理想化・単純化するか，生徒が話し合う場面をつくり，みなした判断の理由を大切にさせる。 | 11<br>―<br>13 |
| 【課題】<br>単元の学習内容を互いに発表しよう。<br><br>・単元の学習内容と学習の意義，及び学習前後での自身の変容を「学習プラン」「単元まとめレポート」にまとめる。<br>・4人班で，まとめた内容を互いに発表し，相互評価をする。 | ・「単元前と単元後でどのようなことができるようになったか」以前の自分に対する変容を振り返らせることで，この単元の学習の価値付けを行う。<br><br>・他者のスライドや他者からのアドバイスを踏まえて，再度自身の学習を振り返らせる。 | 14<br>―<br>15 |

# 数学科実践例③

## 1 単元を通じて実現を目指す「学びに向かう力」が高まっている生徒の姿

　既習の関数と比較しながら関数 $y = ax^2$ の特徴を考察し，問題解決の過程を振り返って評価・改善をすることを通して，学習内容と考察の方法に価値を見いだしている姿。

## 2 単元について

　中学校2年生でも扱われる「動点問題」について，条件替えを行うことで，既習の関数の復習から本単元の学習内容である「関数 $y = ax^2$」の内容，更には高校数学における「原点を通らない放物線」にまで生徒の関心を拡げていく。既習を含めた様々な関数について，表，式，グラフを用いて，統合的・発展的に考察することで，それぞれの関数の特徴や表，式，グラフのよさに気付き，それらを価値付けられるようにする。自らの「気付き」や「価値付けた結果」を互いに発信しあうことで，生徒同士が相互に影響を与え合いながら，学習内容に対する理解を深めていくと考える。

## 3 「指導と評価の一体化」を目指した観点別学習状況のあり方

### （1）「知識・技能」の指導と評価

　単元の導入時には，既習の知識や技能の限界に気付かせ，新たな知識や技能を獲得する必要性を実感する過程を設定する。また，単元の終末時には，新たに獲得した知識や技能の価値を実感する過程を設定する。

　事実的な知識や技能の習得状況はペアワークなどを活用して相互に確認した後，小テストを実施することで評価する。概念的な知識の理解状況や，他の学習や生活の場面でも活用できる技能の習得状況ついては，既習の知識や技能では解決しきれない問題の解決過程

で，生徒自身が概念を拡張できるように促していく。そして，授業中の見取りの他，ワークシートや単元のまとめレポートの記述から，学習内容を既習の知識や技能と比較しながら，それぞれの関数の特徴を理解した上で，目的に応じて活用できたかを評価していく。

### （2）「思考・判断・表現」の指導と評価

　既習の知識や技能では解決できない課題に出合わせることで，改めて既習の関数の特徴を整理させる。その上で，発展的に新たな関数として「関数 $y = ax^2$」を見いださせ，それを活用することで問題解決できることを実感させる。評価については，ワークシートや単元のまとめレポートへの記述から，統合的・発展的に考察し，「関数 $y = ax^2$」の価値を自分なりに表現することができたかを評価する。また，班による問題解決の場を設けるなどして，数学的な表現を用いて事象を簡潔・明瞭・的確に表現する力を養う。そして，授業中の見取りの他，ワークシートや単元のまとめレポートの記述から表，式，グラフを使い分けて表現できたかを評価していく。

### （3）「主体的に学習に取り組む態度」の指導と評価

　単元の導入時に「学習プラン」を用いて，学習内容を全体で共有する。これを基に，生徒一人一人が自らの学習目標を立てるように促す。単元の途中において，自らの学習目標に対する達成状況を客観視し，班で共有する場を設ける。自らの反省や仲間からのアドバイスを基に単元の後半に向けた学習目標を立て直し，単元末において再度振り返る活動を取り入れる。「知識・技能」や「思考・判断・表現」における学習目標の達成に向けて，具体的にどのような努力をすることができたのか，を生徒の記述から評価していく。

## 4 授業の実際（第1～2時）

　第1時では，主に既習の振り返りと，本単元の学習内容に繋がる新たな視点に気づかせる活動を行った。

　先ず，複数の図形を「等速度」や「等加速度」で移動させた動画を視聴させ，様々な変化の仕方があることを確認し

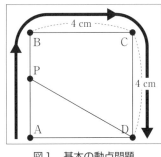

図1　基本の動点問題

た。次に，図1のような，動点Pが正方形の辺上を点Aから点Dまで移動した時の△PADの面積変化をグラフで表す「動点問題」を提示した。動点Pが等速度で動く時，グラフは等脚台形になること（図2の細線）を確認後，生徒に自由に条件替えをさせた。生徒は，動点Pが移動するコースを様々な四角形に変形させた。この時，グラフの形状は変化するものの，動点Pが等速度で移動する限り，既習の知識や技能を働かせてグラフを作れることを確認していた。

　第2時では，既習の知識や技能では解決できない課題に出合わせ，新たな知識や技能の必要性を実感させた。

　ここでは，動点を「等速度」から「等加速度」に条件替えを行い，「等速度」で移動する動点Pに加え，「等加速度」で移動する動点Qを登場させた。また，「同時に点Aを出発し，点Bを通過する時間も一致する」とした。この時の動点Pと動点Qの動きを，アプリケーションソフト「GeoGebra」を用いて，生徒が手元のTPCを自由に操作することで，連続的に捉えられるようにした。△

QADの面積変化のグラフは，図2の太線のように，左側は原点を通る放物線，右側は下に開く放物線の一

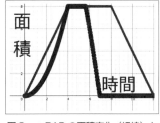

図2　△PADの面積変化（細線）と△QADの面積変化（太線）

部となる。多くの生徒は「等加速度」におけるグラフが曲線になることを予想したが，軸と交わる曲線は既習ではないため，曲線の概形について，自信がもてない様子であった（図3）。そこで，どのようにして正しいグラフの概形を判断するのかを問うと，生徒からは2つの考えが挙げられた。第一は，動点を細かく止めて，その都度面積を求めることにより，グラフが通る点を明確にする考えである。これは「線が点の集まりである」という既習の知識や，「双曲線」をかく際の技能を想起したものと考えられる。第二は，横軸を等しい長さに区切った時のグラフの縦の変化量から説明する考えである。これは，既習の「グラフの傾き」や「変化の割合」に関わる知識を働かせたものと考えられる。

　これらの考えをもとに，第3時以降では，「動点を細かく止めた時の面積」を表に整理することで変化の割合を考察させたり，「GeoGebra」を用いてグラフをより細かく確認させることでグラフが曲線になる理由を考察させたりするなどして，「関数 $y = ax^2$」の学習を深めていった。その結果，単元末のレポートでは，左右のグラフがともに放物線の一部であることを説明したり，表，式，グラフのよさを価値付け，目的に応じて使い分けようとしたりしている記述が見られた。

（八神　純一）

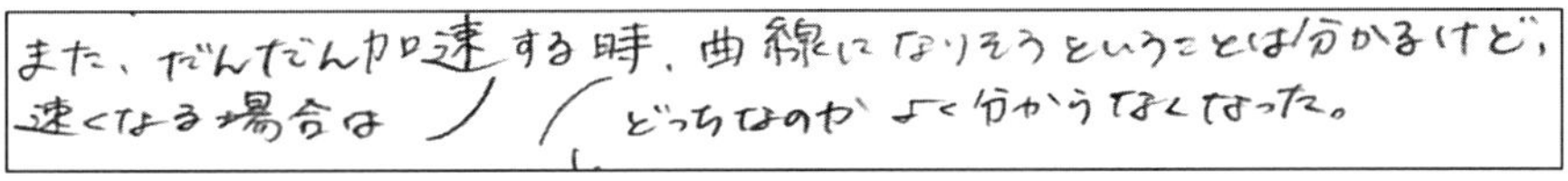

また、だんだん加速する時、曲線になりそうということは分かるけど、速くなる場合は　／　（　どっちなのか よく分からなくなった。

図3　生徒のワークシートの記述

| 次 | 時 | 評価規準 | 【　】内は評価方法<br>及び<br>Cと判断する状況への手立て |
|---|---|---|---|
| 1 | 1<br>│<br>9 | 知　いろいろな事象の中に，関数関係があることを理解している。（○） | 【行動の観察】【ワークシートの記述の確認】<br>C：GeoGebraを用いて動的な変化とグラフを対応させるように促す。 |
| | | 思　関数 $y=ax^2$ として捉えられる二つの数量について，変化や対応の特徴を見いだし，表，式，グラフを相互に関連付けて考察し表現することができる。（○） | 【ワークシートの記述の確認】<br>C：比例のグラフや反比例のグラフの概形を確認させる。 |
| | | 知　関数 $y=ax^2$ について理解している。（○◎） | 【ワークシートの記述の確認】【小テストの分析】<br>C：ワークシートや教科書の記述を読み返し，具体的な問題の解き方を確認させる。 |
| | | 思　関数 $y=ax^2$ を用いて具体的な事象を捉え考察し表現することができる。（○） | 【行動の観察】【ワークシートの記述の点検】<br>C：2つの変数を整理した「表」をもとにグラフをかかせ，2点間が直線なのか曲線なのかを考えさせる。 |
| | | 態　関数 $y=ax^2$ のよさを実感して粘り強く考え，関数 $y=ax^2$ について学んだことを生活や学習に生かそうとしたり，関数 $y=ax^2$ を活用した問題解決の過程を振り返って評価・改善しようとしたりしている。（○） | 【ワークシートの記述の点検】<br>C：小テストの結果を振り返らせ，苦手な部分や理解しきれていない部分を明確にして今後の取組を具体的に記述させる。 |
| 2 | 10<br>│<br>11 | 知　いろいろな事象の中に，関数関係があることを理解している。（○） | 【ワークシートの記述の確認】<br>C：不連続関数であっても，一方の変数を一つに決めると，他方の変数も伴って一つに決まることを確認させる。 |
| 3 | 12<br>│<br>14 | 知　いろいろな事象の中に，関数関係があることを理解している。（◎） | 【単元のまとめレポートの記述の分析】<br>C：ワークシートや教科書の記述を読み返し，数学的な用語の意味や例題の解き方などを自分なりにまとめ直すように促す。 |
| | | 思　関数 $y=ax^2$ を用いて具体的な事象を捉え考察し表現することができる。（◎） | 【単元のまとめレポートの記述の分析】<br>C：ワークシートの記述を読み返し，どの条件がどのように結果に影響しているかを確認させ，条件替えをするように促す。 |
| | | 思　関数 $y=ax^2$ として捉えられる二つの数量について，変化や対応の特徴を見いだし，表，式，グラフを相互に関連付けて考察し表現することができる。（◎） | 【単元のまとめレポートの記述の分析】<br>C：ワークシートの記述を読み返し，どの条件がどのように結果に影響しているかを確認させ，条件替えをするよう促す。 |
| | | 態　関数 $y=ax^2$ のよさを実感して粘り強く考え，関数 $y=ax^2$ について学んだことを生活や学習に生かそうとしたり，関数 $y=ax^2$ を活用した問題解決の過程を振り返って評価・改善しようとしたりしている。（◎） | 【単元まとめレポートの記述の分析】<br>C：ワークシートや教科書の記述を読み返し，関数に対する意識の変化を問う。 |

| 主たる学習活動 | 指導上の留意点 | 時 |
|---|---|---|
| 【課題】<br>動点によって生じる三角形の面積変化をグラフで表現し，その特徴を探ろう。<br><br>・「線形的変化」のグラフをもとに「非線形的変化」のグラフの形状を予想する。<br>・「学習プラン」を用いて，本単元の見通しを全体で共有し，自身の学習目標を考える。<br><br>・関数 $y = ax^2$ の特徴を表，式，グラフで捉えるとともに，それらを相互に関連付ける。<br><br><br><br><br><br>・「学習プラン」を用いて，本単元の前半部分における学習を振り返り，後半部分の学習目標を考える。<br>・4人班で報告し合い，互いにアドバイスする。 | ・中学第1学年で学習した「比例」「反比例」を想起させ，「線形的変化」と「非線形的変化」の2種類があることを理解させる。<br>・連続的な変化を表現するための工夫として，式や表，グラフが挙げられることを確認する。<br><br>・既習の「比例」や「反比例」「1次関数」と比較しながら関数 $y = ax^2$ についての概念とその特徴を理解できるようにする。<br>・事実的な知識や技能についてペアワーク等で互いに確認させた後，習得状況について小テストを用いて評価する。<br><br>・現状を自己分析し，残り時数を鑑みて，達成可能な努力目標を考えるように促す。 | 1<br>—<br>9 |
| 【課題】<br>箱に入った荷物の送料を比較しよう。<br><br>・身の回りの関数について具体的な事例を調べる。 | ・身の回りの様々なグラフから，どのような変化なのかを想像させる。<br>・不連続関数についても，グラフで表現できることを理解させる。 | 10<br>—<br>11 |
| 【課題】<br>これまでに学習した関数も含めて，学んだ関数の特徴を「表」「式」「グラフ」の視点から整理しよう。<br><br>・単元の学習内容と学習の意義，及び学習前後での自身の変容を「単元まとめレポート」としてスライド6枚にまとめる。<br>・4人班で，まとめた内容を互いに発表しあい，相互評価をする。<br><br>・「学習プラン」を用いて，自身の学習目標に対して，達成度を自己評価する。 | ・様々な関数を「表」「式」「グラフ」の視点から分類させる。<br>・それぞれの関数の特徴とともに，「表」「式」「グラフ」のよさについて，目的に応じて使い分けられるように整理させる。<br><br>・他者のレポートや他者からのアドバイスを踏まえて，再度自身の学習を振り返らせる。<br><br>・「単元まとめレポート」を他者と共有後，さらに改善したものを成果物として提出させ，評価する。 | 12<br>—<br>14 |

理 科

実践例①〜②

## 1 本校理科が考える「生きて働く［知識・技能］を育む指導と評価」

### ○探究的な学習活動を軸とした単元のデザイン

　生きて働く［知識・技能］を育むために，生徒主体の探究的な過程となるように単元の学習活動をデザインする。そうすることによって探究的な学習活動を進める際に，生徒自身が疑問や困難を抱き，新しい知識や技能の獲得に自ら動くようになってくる。このことに向けて，教師は生徒が獲得に向かうであろう知識や技能を予測し，動画や資料を用意しておくこととなる。また，探究の過程を自ら進めることが難しい生徒に対して，既習事項を想起させたり，関連する知識を伝達したりすることによって，探究が前に進むことを支援することも教師の重要な役割となる。

### ○習得した知識を共有するための対話・表現活動

　図1に示すように，探究の過程を重視した学習活動においては，テーマから生徒が見いだした課題によって，生徒が必要とする知識や技能が異なる場合がある。学習指導要領に示された学習内容に迫るようなテーマを教師と生徒が対話を通して設定することが肝要ではあるが，生徒によっては，学習内容に迫れないまま探究活動が終わるような見通しを立てる場合も出てくる。そこで，生徒の問題意識の焦点化を図るために，対話的な学習活動の場を設定する。また，課題解決の場においても，グループで考えた実験方法や実験・観察から得られた結果から導き出した考察を，グループを越えて共有し，他のグループの生徒の視点からのアドバイスや質問をもらう場を設定する。発表，説明，質問などの活動を通して，ある知識に対する理解の度合いを相互に確認したり，自身に足りない知識や技能に気付くことができたりし，学習の見通しを修正する気付きにもつながることが考えられる。

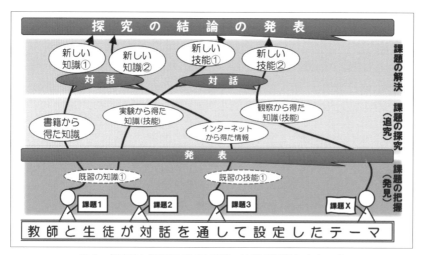

図1　探究的な活動における知識・技能の習得のイメージ

## 2　知識・技能を生きて働かせる工夫

### ○ICTや振り返りシートを活用した形成的な評価

　探究の過程で，適切に知識・技能の習得がなされているかを確認するため，ICTや振り返りシートを活用して形成的な評価を行う。例えば，Formsを活用して授業内の探究的な活動の中で理解できたことや疑問を記述して提出させることが挙げられる。教師は，提出された生徒のコメントをもとに，その生徒に対して個別に助言をしたり，個人探究の時間中にグループワークの時間を設けたりすることによって，疑問を解決する糸口をつかむことができるように支援をする。また，クラス全体が困っている様子が見られる事柄や，探究を進めていくと，全員が困難を感じるであろうと予想される事柄には，教師が全体指導をする場合もある。

### ○ペーパーテストのみに頼らない総括的な評価

　知識・技能の総括的な評価として，定期テストや授業内で行う小テストといったペーパーテストが広く用いられている。しかし，テストのためだけに覚えた短期的な記憶になってしまうことに対する懸念がある。本校理科では，定期テストももちろん行っているが，授業内で対話形式による知識の確認を行っている（図2）。生徒と教師が1対1で面談をし，教師から発した質問に対して生徒がどのように回答するかによって，知識の習得状況を確認している。この面談では，単元の中で学習したことに関するイメージマップを作成させるなどして，知識のつながりや広がりも確認している。

図2　イメージマップを用いた対話形式の
　　　テストの様子

## 3　実践の成果と今後への課題

### ○成果：習得した知識・技能を表現しやすくなる

　ペーパーテストに頼らない評価を行ったことにより，生徒の知識・技能の実態をより確かに把握することができたことが成果として挙げられる。例えば，対話形式でのテストを行ったことにより，文章の意味を読み解くことやイメージマップのような表現が得意ではない生徒の知識・技能を評価することができた。定期テストのようなペーパーテストでは問題文の意味を理解し，文字や図を用いて回答をすることになる。問題文の意味を理解することが難しい場合，生徒からすると質問すること自体が難しかったり，教師側からしても公正・公平の観点から質問されても「自分で考えなさい」と言わざるを得なかったりする場合がある。対話形式のテストであれば，質問の意味を生徒が聞き直すことも，教師側が生徒に伝わるように表現を変えて問うことも容易である。問う場面で生徒がつまずくことが少ないため，習得した知識・技能を表現しやすくなると考えられる。また，生徒の回答を受けて，教師も関連した問を続けることが可能となり，知識のつながりや広がりを確認することができる。

### ○課題：評価の共有がしにくい

　対話形式のテストでは生徒の表現したものが形に残らないため，評価の共有がしにくいという点が課題である。タブレットで対話の様子を動画に残したが，見返すためには膨大な時間を要し，評価をすることに終始してしまうおそれがある。

# 理科実践例①

## 1 単元を通じて実現を目指す「学びに向かう力」が高まっている生徒の姿

理科の見方・考え方を働かせて，多岐にわたる分野で重要な役割をもつ「酸素」に関する知識及び技能を習得している姿。

## 2 単元について

身近にある化学は，化学変化を利用して我々の生活を豊かにしている。化学「変化」なので一見するとわかりやすい現象に見えるが，世の中の化学変化は複雑極まりないものであり，多くは目に見えない部分の反応である。目に見えない部分はモデル図で視覚化したり，実験を通して，仮説・実証を繰り返すことで，「科学」することができる。実験に関して言えば定量的，定性的な実験が行える単元でもあり，特に定量的な実験は中学校では少ないので，丁寧に扱いたい。「酸素」という我々にとって欠かすことができない物質を通して，2年生の生物分野で学習してきた切り口とは違う，化学変化を通して一つの物質が果たす役割を実感させたい。また酸素の発見や酸素の利用といった先人の偉業を紹介しながら，酸素に対しての疑問や必要感を見いださせたい。解説では，「理科の見方・考え方を働かせ，化学変化についての観察，実験などを行い，化学変化における物質の変化やその量的な関係について，原子や分子のモデルと関連付けて微視的に捉えさせて理解させるとともに，それらの観察，実験などに関する技能を身に付けさせ，思考力，判断力，表現力等を育成すること」が本単元の主なねらいとされている。科学的な根拠に基づいて表現する力などを，酸素にまつわる偉人の業績や発見までの過程とリンクさせながら，身近な物質である酸素と関連付けてまとめ，化学変化が日常生活に役立っていることに改めて気付かせたい。

## 3 「指導と評価の一体化」を目指した観点別学習状況のあり方

### （1）「知識・技能」の指導と評価

当時の偉人たちの考えと実際の実験をリンクさせながら，習得すべき知識を押さえ，その知識の定着度を，PowerPointで作成したスライドを更新しながら，定期的に確認する（図1）。単元末では，先人が分からなかった事実や知りたかったことに対して，実験を通して学んだ事を基に説明できるようにPowerPointに整理させる。既習の知識を可視化させることで，個々に学習した知識をどのように関連付けて構造化しているかを確認できるようにする。整理したPowerPointをもとに対面形式で酸素に関連した化学変化に関する理解の確認を行い，総括的な評価を行う。

図1　加筆していくワークシートの概略

### （2）「思考・判断・表現」の指導と評価

科学史において酸素の発見が遅れた背景には，空気を元素として捉えていた事が挙げられる。ここでは，物質をモデル化することを通して，目には見えない現象を可視化させ，関係性を見いださせる。先人たちに助言するために，何を・どういう目的で実験すればよいのかを常に考えさせ，各実験のレポートをPower-

Point で提出させる。Teams を用いてフィード
フォワード，フィードバックを行うことによ
り，生徒は常に目標を意識し，実験を重ねるご
とに結果の分析・解釈の幅と深度の確認，定着
を図ることができる。評価に関しては，ワーク
シートを用いて，化学変化における酸素の役割
がどういうものであるのか，再現性，実証性，
客観性を意識して実験が計画され，結果を分析
し，解釈できているのかを確認していく。

### （3）「主体的に学習に取り組む態度」の指導
###     と評価

　ワークシートによって，探究の流れを可視
化させ，必要に応じて毎時間データを更新さ
せることで，学習の調整をしながら探究を進
めていけるように促す。評価をする際は，
OneNote を活用しながら，自身の探究の進
捗を毎時間ごとに記録させ，今後科学する上
で大切なことを，単元末で振り返り，今後の
探究活動に生かそうとしているかを評価す
る。また，酸素について，本単元で学習した
ことが，単元を越え，1学年で学んだ酸素の
性質や生物分野の細胞呼吸などと結びつくこ
とを期待したい。

### 4　授業の構想

　資質・能力を育むために学習が生徒主体の
探究的な過程となるように，本単元では「酸
素」を学習の中心に単元を貫く課題を設定し
た。2年生の化学領域では酸素を中心に化学
変化が起こっていることが多く，我々の呼吸
をはじめ，身近な存在でもあり，抵抗なくス
ムーズに探究活動を行えると考えた。また，
先人による酸素の発見・活用，化学変化に関
わる諸法則の歴史を追体験することにより，
発見までの偉業を肌で感じさせ，現象を分析
するとはどういう事なのか実感させるという
ねらいもある。1次では化学変化における酸
素にまつわる事象について，キャヴェンディ
ッシュやプリーストリー，ラボアジエがどの
ような考え方でどんな実験を行ったのか，ま

たなぜその実験を行ったのかというところか
ら展開していく。例えば，酸化に関して言え
ば，当時の考え方や実験方法を自身の考えと
比較することにより，単なる知識ではなく，
汎用性の高い知識として習得されていくので
はないかと考える。2次では，1次の内容を
踏まえ，先人に助言するという課題を設定し
た。既習の知識を活用し，科学的な根拠に基
づいた説明をしていくことで，新たな知識の
習得のきっかけとし，定着を図ることをねら
いとした。生徒は自分たちの考えた方法で実
験を行うことにより，酸素に関係した化学変
化の，どのようなことがより理解できるのか
が明確になる。また，何を分析する実験なの
かも，生徒自身が把握しやすくなる。例え
ば，定量的な実験は当時では実験器具も整っ
ていなかったため難しかったが，今では簡単
にできてしまうといった点もきっかけになる
のではないかと考えられる。実際に生徒が行
う実験では，「酸素が鉄以外の物質と結びつ
いたときに熱が発生するのか」，「酸化物を炭
素以外の方法で還元することはできるのか」，
「酸素が鉄以外の金属と結びついたときの質
量比はどれくらいなのか」などが考えられ
る。1次での毎時間ごとの振り返りを生徒自
身が丁寧に行うことで，「〜の実験を行えば，
さらに〜ということがわかるのではないか」
といった実験案に繋がることを期待したい。
また行った実験の結果を他者と共有すること
により，自身の理解がさらに深まり，自らの
学びを価値付けすることができると考える。
評価に関しては，ペーパーテストだけに頼ら
ず，対面形式を取ることで，現状の把握と課
題に対しての考えを教師が的確に把握し，評
価に役立てられるのではないかと考える。自
身の立ち位置や現状の課題など，生徒と教師
の評価が活発になり，単元を通して学んだこ
とは何なのかを踏まえた，個々の状況にあっ
た指導が期待でき，また，生徒自身による学
習の改善も期待できる。　　　（中畑　伸浩）

| 次 | 時 | 評価規準 | 【　】内は評価方法<br>及び<br>Cと判断する状況への手立て |
|---|---|---|---|
| 1 | 1｜15 | 知　酸化の実験を行い，得られた結果を分析して解釈し，２種類以上の物質が結び付いて反応前とは異なる物質が生成することを理解している。（○） | 【ワークシートの記述の点検】<br>C：１年次に学習した，物質の調べ方や物質の性質を想起させたり，班でまとめた実験結果を確認させたりする。 |
|  |  | 知　物質は原子や分子からできていることを理解している。（○） | 【行動の観察】【ワークシートの記述の確認】<br>C：ワークシートを見直したり，授業スライドを確認させる。 |
|  |  | 思　分解して生成した物質は元の物質とは異なることを見いだしている。（○） | 【ワークシートの記述の確認】<br>C：実験の結果より，他者の考えや自身の振り返りを見直させる。 |
|  |  | 知　化学反応式から化学変化を原子や分子のモデルと関連付けて理解している。（○） | 【ワークシートの記述の確認】<br>C：原子や分子のモデルを用いて考察させ，反応の前後では原子の組合せが変わることを確認させる。 |
|  |  | 思　化学変化によって熱を取り出す実験を行い，化学変化には熱の出入りが伴うことを見いだしている。（○） | 【ワークシートの記述の確認】<br>C：実験の結果を確認させ，そうなっていない場合を考えさせ，確認させる。 |
|  |  | 態　酸素以外の気体の中で燃焼する現象を，原子や分子のモデルを用いて説明している。（○） | 【行動の観察】【ワークシートの記述の確認】<br>C：実験の結果を化学反応式を用いて，確認させる。 |
|  |  | 思　物質の質量を測定する実験を考案し，反応の前後で物質の質量の総和が等しいことを実験から見いだしている。（○） | 【ワークシートの記述の確認】<br>C：実験の結果を確認し，他の班の実験結果を参考にさせる。 |
|  |  | 知　化学変化より，反応する物質の質量の間に，一定の関係があることを理解している。（○◎） | 【ワークシートの記述の確認・分析】<br>C：他の班の実験の結果のデータ等を含め，確認させる。 |
| 2 | 16｜20 | 知　実験方法が科学的な根拠を基に立案されている。（○） | 【ワークシートの記述の確認】<br>C：これまで行った実験を確認し，課題に対して実現可能な実験なのかを再考させる。 |
|  |  | 思　実証性，再現性，客観性を意識して実験計画を立案し，実験結果を分析し，解釈している。（○◎） | 【ワークシートの記述の確認・分析】<br>C：実験の計画や結果を振り返らせ，論理的な説明になっているか確認させる。 |
|  |  | 知　先人に助言できるように，酸素に関係した化学変化を関連付けて説明することができる。（○◎） | 【ワークシートの記述の確認・分析】<br>【スライドの説明の分析】<br>C：根拠が不十分な部分があったら，実験方法を確認させる。 |
|  |  | 態　今後科学する上で大切なことを，探究活動から振り返り，今後の探究活動に生かそうとしている。（○◎） | 【振り返りの記述の確認・分析】<br>C：単元はじめの自身の記述を確認し，これまで実験等を行う上で意識したこと，改善していったことを整理させる。 |

| 主たる学習活動 | 指導上の留意点 | 時 |
|---|---|---|
| 【単元を貫く課題】<br>酸素を科学する。〜先人の偉業に思いを馳せて〜<br><br>・私たちにとって酸素とはどういうものなのか，について生物分野や1学年の化学分野を想起し，イメージマップを書く。<br>・化学史を通して，過去の考え方と現代の考え方の違いを思案し，物質の成り立ちについて理解を深める。<br>・酸素発見までの歴史を学習し，先人がどういう部分で苦労したのかを思案し，燃焼，酸化の実験を行う。<br><br>・酸化，燃焼の反応のモデル化から，くっつく反応もあれば，分かれる反応もあることを見いだし，分解の実験を行い，実験前後でモデル化の再構築を図る。<br><br>・酸化とは反対に，どうやって酸素を取り除いていったのかを反応のモデルを考えた後，還元の実験を行う。また，その方法を利用したものを考える。<br>・化学反応で熱の出入りがある事を実験で確認し，他の化学変化でも熱の出入りが起きているのかを考え，実験を行う。<br>・さらに酸素以外の気体の中で燃焼する現象を観察し，その変化を原子や分子のモデルを用いて説明する。<br>・化学変化の前後で質量がどうなっているのかを確認するためにどういう方法で確認すれば良いのかを考え，実験方法を立案する。<br>・実験の結果を考察し，共有する。<br>・化学変化後の物質の質量を測定する実験を行い，班で質量を変え，実験結果をOneNoteを用いて共有する。共有した結果を考察し，全体で共有する。 | ・毎時間，OneNoteに振り返りを書かせる。<br>・科学的とはどういうことかについて考えさせ，実証性，再現性，客観性について整理させる。<br>・生物分野，小学校での学習，1年次に学習した気体の性質を想起させる。またOneNoteにアップした資料で酸素の性質を確認させる。<br>・酸素発見の歴史を簡単に紹介する程度に留め，先人たちの考えに思いを巡らせるように促す。また，酸素ではなく空気として考えられていた理由を探らせる。<br><br>・復習も兼ねて，正しくモデル化できるのかを確認する。実験可能かを判断できるように，客観性と再現性を意識させる。<br>・なぜそのようなモデルになったのかを説明できるようにする。<br>・日本の古来よりの製鉄方法などに触れながら，酸化還元の必要性をもたせる。<br>・カイロで確認するのは酸化と発熱反応に留め，吸熱反応は，他の実験を通して理解を深める。<br><br>・実験の前後の物質の状況を意識させ，化学反応式で変化が見えるようにさせる。<br>・科学的な手立てかを確認し，また安全性を考慮する。<br><br>・定量実験なので定性実験との違う部分を意識させ，質量変化の規則性について，次の課題に繋がるように促す。<br>・分子のモデルと関連付けて微視的に事物・現象を捉えて表現させる。 | 1<br>—<br>15 |
| 【課題】<br>酸素を更に科学する。〜先人にアドバイスしよう〜<br><br>・酸化，還元，燃焼，発熱反応の実験から酸素についての理解を深める実験を考案する。<br>・班で課題を設定し，仮説を立て，仮説を実証できる実験方法なのかを意識し，実験方法を立案する。<br>・実験計画が科学的か（実証性，再現性，客観性）について班同士で話し合ったあと，修正し，実験を行う。結果を考察し，班同士で共有する。<br>・先人がわからなかった事実に対して，アドバイスを考える。酸素を通して学んだ化学変化についてPowerPointにまとめる。<br>・対面式の面談で自身の学習の成果と課題を振り返る。 | ・課題の設定に対して，安全性に考慮する。<br>・「〜理由で〜の実験を行いたい」と明確な目的をもたせ取り組ませる。酸素についての理解が深まる実験なのかを考えさせる。<br>・批判ではなく，しっかりとした理由と改善案を示せるように促す。<br><br>・先人が分からなかった事実と本単元で学んだ事を整理させる。<br>・対面の面談での発問はPowerPointから読み取り判断する。 | 16<br>—<br>20 |

# 理科実践例②

## 1 単元を通じて実現を目指す「学びに向かう力」が高まっている生徒の姿

「進化」を遺伝や生物の多様性といった、既習事項と関連付けて理解するとともに、地学領域におけるおもな理科の見方である「時間的」な見方で捉えて、理解を深めている姿。

## 2 単元について

本実践では「これからの生物の進化」に着目させ、「あのコは、100年後どうなる？」というテーマを設定し、探究的な学習活動を展開する。自分の考えを支える根拠として、知識の構造化が図られることをねらいとしている。中学校２年生までに学習をしてきた生物のからだのつくりやはたらきに関する知識を土台として、中学校３年生で学習する生命の連続性、生物の種類の多様性と進化に関して習得した知識を生かし、科学的な根拠を示しながら未知の状況を予測する活動である。時間的な見方を働かせて考えさせたいのは環境と進化の因果関係である。探究のまとめとして、得られた結論をPowerPointにまとめて発表をする時間を設ける。発表をする活動を行うことで、確かな根拠を作り上げようとする意欲をもたせたい。

## 3 「指導と評価の一体化」を目指した観点別学習状況のあり方

### （1）「知識・技能」の指導と評価

教師からは「相同器官」など、習得を目指す知識について事前に示す。知識が定着しているかの確認は、授業ごとにFormsを活用して探究の経過報告をさせることによって行う。

また、単元の終わりにイメージマップを作成させる。生徒が習得した知識を可視化させるとともに、個別の知識をどのように関連付けているかを確認する。イメージマップをもとに１人ずつ対話形式で知識の確認を行い、総括的な評価を行う。

### （2）「思考・判断・表現」の指導と評価

遺伝にかかわる現象、多様性と進化など、現象の結果とその理由を関連付けて捉えさせる。結果とその理由を関連付けさせて捉えさせることにより、未知の状況に対して、根拠をもった予測を立てることができると考えられる。また、ワークシートを用いて探究の流れを可視化することにより、進化について順序付けて考えることができ、自身の思考に対する理由付けをしやすくなると考えられる。

評価については、イメージマップにおいて知識同士を関連付けられているかを確認することも考えられる。また、問題に対する個人の結論を記述させるにあたり、その根拠となる現象を挙げさせるようにする。

### （3）「主体的に学習に取り組む態度」の指導と評価

ワークシートを活用して探究の流れを可視化させ、見通しをもたせる。また、生徒がFormsを活用し、自身の探究の進捗を１時間ごとに記録していくようにする。探究の進捗状況を教師が把握し、必要に応じて支援をすることによって、粘り強く、且つ生徒自らが学習を調整をしながら探究を進めていけるようにする。

## 4 授業の実際

「あのコは、100年後どうなる？」というテーマで探究を行った。具体的には、現在みられる動物の多様性は、進化によって生じたものであるという基本的な知識の習得を図った

後，生徒一人ひとりが身近にいる動物や好きな動物をテーマとし，その動物が100年後にどのような進化を遂げる可能性があるかを探究する学習である。

はじめに，テーマを解決するために明らかにする必要がある事柄を挙げさせ，課題を設定させた。その課題について明らかにすることによって，テーマの解決にどのようにつながるのかを含めてワークシートにまとめさせ，見通しをもたせた。課題については，探究を進めていく間に追加する場合もあるため，色を変えて加筆をするようにさせた。

見通しをもたせた後，個人で探究をする時間を6時間とった。その間，1時間ごとに進捗状況をFormsで報告させ，生徒が理解したことを確認するとともに，生徒が疑問や困難を感じていることなどに対応していった。

---

**【授業内で理解できたことの生徒の記述】**
・100年以内にネコが進化したか調べたところ，進化はなかったことが分かった。
・相同器官を基準として環境の変化を考えて，進化を予想したい。
・課題の設定をする中で，過去の姿や環境と未来の姿や環境を比較することで，過去になぜその進化をしたのかが明らかになり，未来の進化についても予想できるのではないかと思った。私はペンギンについて調べるので，地球温暖化が進んでいることと関連づけて，南極に住み続けることができるのか（絶滅するのか進化するのか）について明らかにしたい。

---

例えば，個人での探究を始めて3時間が経過したところで，「自分の進め方や調査内容が適切かどうかを確認するために，他の人がどのように探究を進めているのかを知りたい」という要望があったので，次の時間に進捗状況の報告会を行った。また，「100年後に進化しないという結論に至りそうだ」という

不安を記述してきた生徒には，「進化しないと判断した理由の逆を考えると，100年間で進化する可能性がある生物が見つかるのではないか」というアドバイスを送った。

6時間の個人探究を終え，探究を開始してから9時間目に成果発表会を行うことにしていた。しかし，多くの生徒から調査が不十分なため，もう少し時間が欲しいという要望があった。その時間は中間発表会として，その時点で出ている結論を発表する時間とした。4人グループで1人5分間での発表を行った。この中間発表会での生徒のPowerPointを見ると，100年後の地球の環境について調査をし，結論を出している生徒が多くみられた。しかし，テーマに挙げた生物が想定した環境に適応して「進化することができるか否か」という検討がされておらず，時間的な見方ができているとは言い難いものが多かった。改めて，「100年という時間をどう捉えるか」「生物の進化には何が必要か。」「環境に適応することが進化なのか？」ということを問い直させた。その後さらに2時間を個人探究の時間に充て，成果発表会を行った。「100年間では，世代交代がそれほど盛んに行われない生物は進化することが難しい」や「これまでの進化の歴史と比較した時に，100年は進化するにはあまりに短い」という結論が見られた。

探究を終え，3年生の生物分野で習得した知識をまとめるイメージマップを作成させた。遺伝と生殖と進化が関連付けられている記述がみられた。イメージマップをもとに対話形式のテストを実施した。文字で表現することが難しかった生徒も口頭では表現できていたり，用語は知っていてもその意味や他の知識とのつながりに理解の不足があったりする生徒がいることが明らかになった。今後も多様な評価を実践し，知識のつながりや広がりについて多面的に評価していきたい。

（神谷　紘祥）

[資料]　資質・能力育成のプロセス（13時間扱い）

| 次 | 時 | 評価規準 | 【　】内は評価方法<br>及び<br>Cと判断する状況への手立て |
|---|---|---|---|
| 1 | 1<br>｜<br>2 | 知　生物の進化の過程や相同器官について理解している。（○） | 【ワークシートの記述の点検】<br>C：スライドを見返し，生物の進化の過程やその証拠となるものが何かを確認させる。 |
| | | 知　問題を解決するための情報収集の仕方や観察・実験の方法を理解している。（○） | 【ワークシートの記述の点検】<br>C：問題を再確認し，解決するためにどのような方法が考えられるかを検討させる。 |
| | | 態　他者の考えを踏まえ，自身の探究の方法について検討しようとしている。（○） | 【発言の確認】【ワークシートの記述の点検】<br>C：設定した課題が問題の解決に向かっているかを確認させる。 |
| 2 | 3<br>｜<br>8 | 態　問題を解決するために，明らかにするべき事象や現象について論理的に整理し，調査しようとしている。（○◎） | 【ワークシートの記述の確認・分析】<br>C：設定した課題が問題を解決できるものとなっているかを確認させる。 |
| | | 知　進化の歴史や生物の分類と進化の過程の関係，相同器官などの進化の証拠について理解している。（○） | 【ワークシートの記述の確認】<br>C：調査した内容について，不足がないか確認して，不足な点について提示する。 |
| | | 思　明らかになった事象や現象をもとに，問題に対しての結論を導くことができている。（○◎） | 【ワークシートの記述の確認】<br>【PowerPointの記述の確認，分析】<br>C：調査して明らかになったことと，結論のつながりを見直すように促す。 |
| 3 | 9<br>｜<br>13 | 態　探究の過程を振り返り，課題の設定や調査の方法が適切であったかを評価し，今後の探究に生かそうとしている。（○◎） | 【ワークシートの記述の確認・分析】<br>C：探究の過程を振り返らせ，自身の探究における改善点や良かった点を考えさせる。 |
| | | 知　生命の連続性にかかわる知識同士を関連付けて理解をしている。（○◎） | 【説明の分析】<br>C：抽象的な表現になっている説明に関して，具体的な表現になるように追加の質問をする。 |

| 主たる学習活動 | 指導上の留意点 | 時 |
|---|---|---|
| ・生物の分類と進化の過程の関係や進化の証拠としての相同器官について理解する。<br><br>【単元を貫く問題】<br>あのコは，100年後どうなる？　～温故知新～<br><br>・学習プランで，探究の流れを確認する。<br>・進化を考える生物を決める。<br>・問題を解決するために，何を明らかにするべきかを検討する。（課題の設定）<br><br>【予想される課題例】<br>・これまでの○○の進化の歴史を明らかにする。<br>・○○が生活している（していた）環境を明らかにする。<br>・今後，○○に影響する可能性がある環境の変化を明らかにする。<br>・人とのかかわりによって，○○に起きた変化とは何かを明らかにする。（野生との違い） | ・「進化」という言葉は，定義を統一するために教師側から提示する。<br>・イヌやネコなど，身近な動物を設定することが考えられる。これらの動物は1個体の寿命が比較的長く，100年間での世代交代は5代ほどであり，進化が進むとは考えにくい。しかし，探究を進めていく中で生徒自身が「進化とは何か」を深く考えるきっかけを生み出すため，この段階での生物の選択には修正を加えない。<br>・課題の設定の方向性がずれると，探究全体が円滑に進まなくなるため，他者と進め方を確認する時間をとる。 | 1<br>｜<br>2 |
| ・明らかにすべき事象や現象について調査をする。<br><br>【課題追究の例】<br>課題：イヌが生活している（していた）環境を明らかにする。<br>・文献を用いて，イヌの生態（食べるもの，行動する時間帯，行動形態（群れを成すのか，単独か等））について調査する。<br>・文献を用いて，主に人とのかかわりとその歴史について調査する。<br><br>・明らかになったことをもとに，問題に対する結論をPowerPointにまとめる。<br>・PowerPointを用いて，班の中で発表を行う。 | ・適宜，学習プランを提示し，探究の進捗を生徒に意識させながら授業を進める。<br>・図書館を活用し，TPCのみに頼らない文献調査を行うことができるようにする。<br>・探究の過程で明らかになったことや新たに生まれた課題について，単元を通して1枚のワークシートに記録をしながら，探究を進めさせる。<br>・授業ごとにFormsを活用して進捗状況を報告させることにより，必要に応じて個別でアドバイスをする。 | 3<br>｜<br>8 |
| ・ワークシートに探究の振り返りをする。<br><br><br><br>・学習して理解したことについてイメージマップを作成し，知識を可視化する。<br><br><br>・イメージマップを他者と共有し，他者の記述から気付いたことを加筆する。 | ・感想文で終わらないように，『未知の状況を予測するために，大切だと感じた「考え方」や「行動」はどんなことですか。具体的に書きましょう。』という問いに回答する形式で振り返りを記述させる。<br>・イメージマップをもとに，1対1の面談形式で学習した内容の知識のつながりや，そのような考え方をもった背景を評価する。<br>・他者の記述から気付いたことについては，文字の色を変えさせるなど，区別が付けられるようにさせる。 | 9<br>｜<br>13 |

# 音楽科

## 1　本校音楽科が考える「生きて働く［知識・技能］を育む指導と評価」

「知識・技能」は，「どのように指導するか」を大きく見直さなければならない観点である。旧来，知識は新しく事柄を知ることであり，技能は表現としての完成具合の評価になりがちであった。『学習指導要領』では，知識と技能を関わらせ，往還しながら，創意工夫と十分に結び付けていく活動が謳われている。それを踏まえ，指導と評価の一体化を実現する授業を目指し，以下の点を意識した研究・実践を行った。

### ○知識編

『解説』では「知識」の習得に関する指導について，音楽記号や歴史的背景，形式などを知ることに留まらず，「音楽を形づくっている要素などの働きについて実感を伴いながら理解し，表現や鑑賞などに生かす」「音楽に関する歴史や文化的意義を，表現や鑑賞の活動を通して，自己との関わりの中で理解できるようにする」ことが重要であるとしている。

### （1）実感を伴った知識を育む

使える知識として育むためには音や音楽と関わらせて実感を伴った理解へと導くことが大切であると考える。そのために，鑑賞領域では声に出す，演奏する，身体を動かす等の体験的な学びを多く取り入れている（『附属横浜中（2021）』参照）。聴いて感じ取ったことに加え，自分で実際にやってみてわかる「想像以上のこと」や「筋肉の動き」などから，特徴や面白さを実感できる。そして実感をもって感じ取ったことを言語化し，仲間と共有したり「音や音楽を伴わなくても得られる知識」と関わり合わせたりすることで，実感を伴った知識へと変化してく様子が見られた。表現領域においても，第1学年のリズム創作では，表現したいイメージと強弱を関わらせ表出させることで「緊張感のある場面だからｐにした」や「まだあまりうれしくないからｐで」など，「ｐ＝弱く（小さく）」だけではない，自分なりの解釈や考えへとつながった。このように，実感を伴って知識を育むためには，知識を実際に活用したり学びを関わらせたりする場面を設定するとともに，学びの自覚を促すための視覚化や意見の共有などのアウトプットの場面を意識的に設定していくことが大切である。

### （2）知識を質的に評価するための工夫

新たな事柄について，覚えているのかを量的に評価するのではなく，生きた知識として，音楽を形づくっている要素と関わらせて考えられているか，創意工夫するために活用されているか，概念化されているかなどを見取るためには質的に評価することが必要となる。

**図1**は合唱の授業で「合唱をよりステキに仕上げるための視点」をテーマとして聴き取るポイントや課題発見，解決方法などをイメージマップで表現したものである。学習活動の中で得られた知識を系統的にまとめている様子や，よりよい表現を目指すための具体的な手立てなどが見られる。このように文章表記でなくても知識を構造化及び可視化させることで指導に生かす評価から，記録に残す評価まで活用できると考える。また**図2**は，第3学年鑑賞「能」の学習を行った際の，記録に残す評価としたワークシートである。歴史や用語を学習し，実際にすり足や四拍子

のエア合奏,「羽衣」の一部を鑑賞したあとに,教科書等を用いながら体験を織り交ぜて書き表す課題であったが,ポイントを絞ることで,能の特徴の正しい理解がされているか,体験したことが知識として結び付いているか,記述から確認することができた。

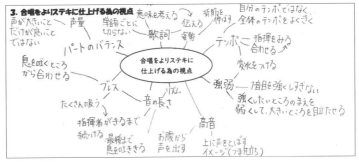

図1　2年生合唱ワークシートより

1. これまでの学習を生かして(根拠をもって)、まとめよう～自分の言葉や体験から得た知識を加えよう！～

・能とはどんな伝統芸能か。〈謡〉〈演奏〉〈舞〉のそれぞれの観点について説明しよう【知】

能は、音楽(演奏、謡)、舞踊(舞)、演技が一体となった日本の伝統芸能です。謡は舞に添えられる歌楽のことで、登場人物や地謡によって謡われます。腹式呼吸による、どっしりしていて、太く、重みがある声が特徴で、場面や人物の心情によって、強さや速さが変化し、そこから物語を感じられます。演奏は、強くて甲高い笛、ポーンという音の小鼓、カンという音の大鼓、乾いた音の太鼓からなる囃子で演奏され、指揮者なしでかけ声をしながら演奏します。音色が4つか合わさることにより、細かく場面を表現できます。舞は面をかけた演者が足の裏を全てつけ、かかとを上げないすり足で舞台上を華やかに移動することで、すり足によって体が安定し、独特の荘厳な雰囲気を醸し出しています。

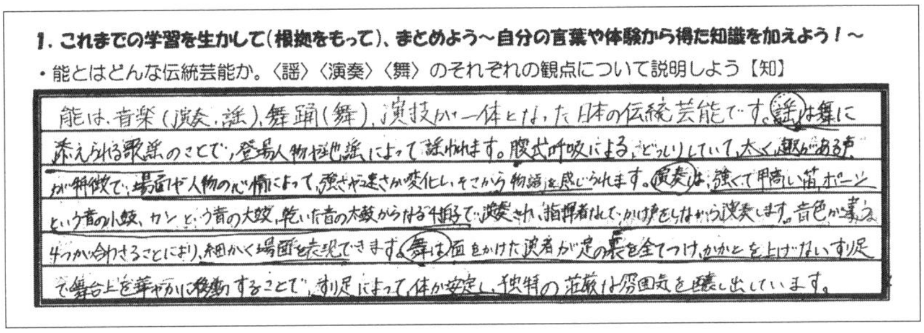

図2　3年生鑑賞「能」ワークシートより

### ○技能編

技能についても,「創意工夫の過程でもった音楽表現に対する思いや意図に応じて,その思いや意図を音楽で表現する際に自ら活用できる技能のこと」と『解説』では示している。

#### (1)題材における「技能」の明確化と共有

上記のことから,音程や器楽の運指など基本的なことは大切にしながらも,題材ごとの主となる指導事項を明確に(例えば「強弱」のように,思考・判断のよりどころとなる音楽を形づくっている要素を適切に設定)し,それを生徒と共有しておくことが重要であると考える。指導や評価の際も,まずはその技能が身に付いているか,また曲に対しての思いや意図を表現するための技能が獲得されているかといったポイントに絞ることを大切にしている。

#### (2)「音や音楽」がある時間を確保した授業展開

技能は曲への思いや意図をもつことと,常に往還しながら高まっていく。そのためにも,思いや意図をもてるだけの音や音楽に関われる時間や,思いや意図を表現するための技能を高めるための時間など,音や音楽がある時間を確保した授業展開を心掛けている。

技能編に関する授業づくりの具体については,次のページの実践を参照されたい。

## 2　実践の成果と今後への課題

課題としては,習得された知識を質的に評価する際の時間の確保があげられる。文章での表記は,どうしてもまとめる生徒側も評価する側も時間がかかる。文章での表記以外にも,イメージマップのように質的に見取れ,生徒もアウトプットしやすく,指導に即しながら表現させられる評価方法の工夫を今後も追究していきたい。

# 音楽科実践例①

## 1 題材を通じて実現を目指す「学びに向かう力」が高まっている生徒の姿

音の変化や音が重なった時の響き，他者と合わせて演奏することに関心をもち，自分のイメージと表現を重ね合わせながら創意工夫を行い，仲間と協力して器楽で表している姿。

## 2 題材について

本題材では，「ふるさと」（高野辰之作詞／岡野貞一作曲）の2部合奏曲を用い，アルトリコーダーによるアンサンブルを通して音色やハーモニーの美しさを感じ，表現を工夫する中で音の不思議（音の重なりやアーティキュレーションによる印象の違い）について考えられるように設定した。アーティキュレーションが及ぼす音の響きや曲の雰囲気の違いを感じ取り，技能を習得していくなかで，捉えた曲想と実際の表現を結び付けながら，それぞれが思い描く「故郷」の姿など，色々なイメージを湧き起こさせながら思いを馳せ，自分なりの「ふるさと」の表現を考えさせたい。演奏発表を目標におき，仲間と助け合いながら表現を工夫し，技能の向上を図るとともに，表現の多様性や演奏表現の楽しさを，実感をもって味わわせたい。

## 3 「指導と評価の一体化」を目指した観点別学習状況のあり方

### （1）「知識・技能」の指導と評価

本題材においての知識とは，曲想を捉え，よりよい表現を創意工夫していくためのアーティキュレーションの違いとその奏法についての理解であり，技能はそれを用いて仲間と創意工夫した演奏表現をする能力である。創意工夫をする際に試行錯誤する中で，音のイメージとアーティキュレーションを関わり合わせながら，仲間と協力し表現している姿を目指したい。そのために，これまでの学習で得てきた演奏のポイントの確認をはじめ，音形と曲想の関わりについて概念的に理解できるよう考えさせていきたい。この知識や考えが，演奏表現の工夫を考えていく際のヒントとなり，根拠になっていくと考える。また，ペアワークでアドバイスをし合ったり，仲間と表現を考えながら教え合ったりする場面を多く設定していくことで，表現力もついていくと考える。グループ発表での演奏を評価し，補助的に録画も行っていく。

### （2）「思考・判断・表現」の指導と評価

ある程度演奏ができるようになった段階で，範唱を聴いたり実際に歌ってみたりし，曲想を再度考え捉えさせていく。それを基に，まず個人としてどのような演奏にしたいかを考えたものを一度見取っていく。班活動では，表現の工夫を考えていく際の仲間との対話や行動の様子を支援し，観察を行う。活動をする中でまとまった思いや意図を，自分の言葉で，音楽的な根拠と結び付けて表現させ，評価していく。

### （3）「主体的に学習に取り組む態度」の指導と評価

粘り強く取り組んでいけるように，つまずきや困り感を周りにも伝えやすく，許容してもらえる環境づくりを大切にしたい。また，発表の演奏だけが全てではないことなど評価について事前から伝え，発表までの個々へのフィードバック・フィードフォワードも大切にしたい。行動の観察に加え，授業カードや振り返りなどから，課題発見や試行錯誤の様子，またその変容など，曲想に合わせた表現を工夫する際の考え方のポイント（題材を通して身に付けたこと）を評価していく。

## 4 授業の実際

第2次の冒頭では，表現の工夫のイメージを広げるため，歌詞の意味を改めて確認し，模範唱の鑑賞を行った。自分の思いや意図をもつ根拠として「歌詞の意味」から考えていく生徒もいれば，「歌手の表現（声の音色や歌い方）」から着想する生徒や「音楽の構造」に目を向けて旋律の特徴やテクスチュアから思いをもつ生徒もいた。それらを共有することで着眼点を広げるきっかけになっていた。

アーティキュレーションについて紹介を行うと，その音の変化にとても興味を示している様子が見られた。これまでの授業の中で「ポルタート奏法」と「スタッカート奏法」については自然に扱っていた。それも含めて，今回のテーマである「音の不思議」について，アーティキュレーションがどのような変化をもたらし，感じ方を変えさせるのかを言葉でまとめ，共有していった（**図1**，**図2**）。

第4時は，アーティキュレーションの違いや奏法について確認し，「アーティキュレーションはどんな意味（役割や効果）があるか」という問いを投げかけ，知識の概念化，自分の中での価値付けを行わせた。

また，前時の授業カードから曲想を捉え工夫を考えるのに様々な視点があったことを紹介

介し，改めてどのように演奏したいかを個人で考えていった。そして4人を基本としたグループで，それぞれのアイデアを出し合い，音にして確認しながら表現の工夫について考えていく時間となった。

第5時は，班の演奏を適宜 TPC で録音し，アンサンブルの演奏に関して技能的な課題だけではなく，表現したいことが表現されているか（音として伝わるか）について，客観的に演奏を聴くことを課題として設定した。生徒は，「考えたものが思ったように聴こえなかった」や「合っていると思っていたけどスタッカートにした部分や指の難しいところがかなりずれて聴こえていた」などの気付きから，客観的に聴くことの必要性を実感し，そこから演奏の試行錯誤が繰り返されていった。そこでは，獲得した知識を生かして表現を創意工夫するために必要となる技能を身に付けようと，繰り返し演奏に取り組む姿が見られた。これは「知識・技能」と「思考・判断・表現」の往還が主体的に行われている様子として見ることができる。

第6時のまとめの発表では，スクリーンに表現の工夫を書き込んだ楽譜を映し出すとともに，手元でも楽譜が見られるようにTeams でデータを配信し，演奏発表会を行った。深く聴き合う「ペア班」を作り，演奏発表後にはリフレクションを行うことで，「上手くいった，いかなかった」だけではなく，表現の工夫やアーティキュレーションが生み出す音の面白さについての振り返りが意識できるようにした。生徒は，表現が少し違うだけでも大きな効果があることや，仲間と演奏を作り上げることの楽しさを実感できている様子だった。今後も，得た知識を生かし，自然と技能を身に付けたくなるような表現領域の授業や，「知識・技能」を生かしていると生徒自身が実感できる授業を研究していきたい。

（佐塚　繭子）

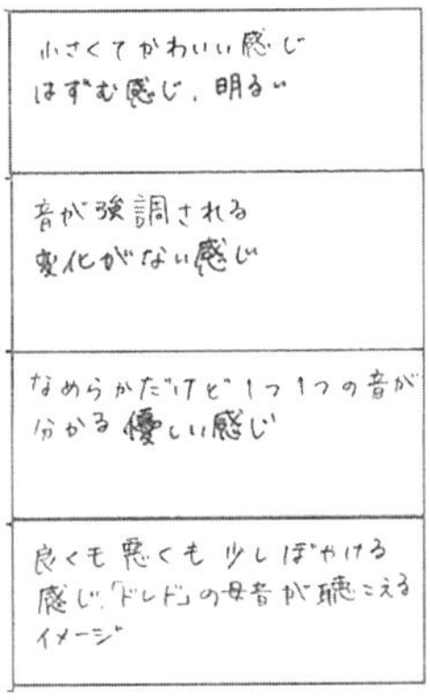

**図1** 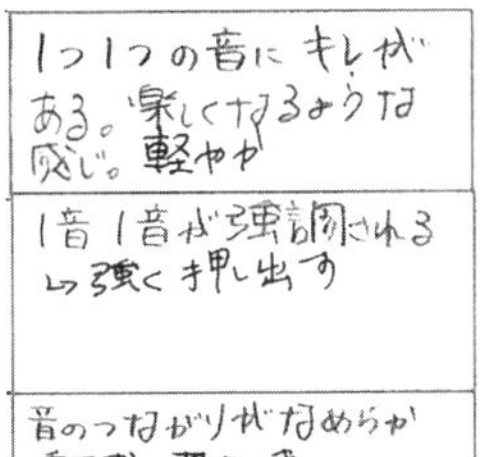　　　　　**図2**

アーティキュレーションの違いによる音のイメージ（上からスタッカート・ノンレガート・ポルタート・レガート）

[資料]　資質・能力育成のプロセス（6時間扱い）

| 次 | 時 | 評価規準（想定する「Bと判断する状況」） | 【　】内は評価方法<br>及び<br>Cと判断する状況への手立て |
|---|---|---|---|
| 1 | 1<br>｜<br>2 | 知　楽器の音色や響きと奏法との関わりについて理解している。（○） | 【行動の観察】【ワークシートの記述の点検】<br>C：ワークシートに板書を写すよう促す。 |
| | | 技　創意工夫を生かし，旋律の特徴を捉えて他者と合わせて演奏する技能を身に付け，器楽で表している。（○） | 【行動の観察】【授業カードの記述の確認】<br>C：リズムや運指を確認，部分的に繰り返し行うなど練習方法の工夫を促す。 |
| 2 | 3<br>｜<br>5 | 知　楽器の音色や響きと奏法との関わりについて理解している。（○○） | 【ワークシートの記述の確認・分析】<br>C：それぞれの奏法の違いについて言葉で確認したり，仲間の意見を記録したりするように助言し，ワークシートの記述を促す。 |
| | | 思　旋律，テクスチュアを知覚し，それらの働きが生み出す特質や雰囲気を感受しながら，知覚したことと感受したこととの関わりについて考え，どのように演奏するかについて思いや意図をもっている。（○○） | 【行動の観察】<br>【ワークシートの記述の確認・分析】<br>C：歌の特徴や表したいイメージを確認したり，仲間の意見を把握したりするように助言し，ワークシートの記述を促す。 |
| | | 技　創意工夫を生かし，全体の響きや各声部の音などを聴きながら他者と合わせて演奏する技能を身に付け，器楽で表している。（○） | 【行動の観察】<br>C：工夫したいことについて教師が聞き取り，演奏してみせたり，グループ活動の中で仲間といろいろな奏法を試し合う中で，思いや意図を表現できるようにさせる。 |
| | 6 | 技　創意工夫を生かし，全体の響きや各声部の音などを聴きながら他者と合わせて演奏する技能を身に付け，器楽で表している。（◎） | 【演奏の分析】<br>C：一番工夫したいところに絞って演奏させるなど，最後まで諦めずに演奏するように支援する。 |
| | | 態　アーティキュレーションによる音の変化や音が重なった時の響き，他者と合わせて演奏することに関心をもち，音楽活動を楽しみながら主体的・協働的に器楽の学習活動に取り組もうとしている。（○◎） | 【行動の観察】【振り返りカードの記述の分析】<br>C：器楽表現に向き合えたり，仲間と協力して活動したりできるように支援する。これまでの学習を想起させ，どのような試行錯誤があったかを具体的に振り返るように促す。 |

| 主たる学習活動 | 指導上の留意点 | 時 |
|---|---|---|
| ・これまでのアルトリコーダーの学習を復習する。<br>・音価や強弱を変えた音階を演奏する。<br>・学習プランを用いて題材の課題を確認し，学習の見通しをもつ。<br>・A1パートを歌い，新出の音の運指を確認する。<br>・演奏に取り組む。<br>・調や拍子，フレーズについて考え仲間と共有する。<br>・A2パートをドレミで歌い，演奏に取り組む。 | ・指番号や演奏時の姿勢など，身体の使い方の確認や，音階練習などを行う。<br>・曲の美しさを通し，器楽演奏やアンサンブルへの関心を高める。<br>・高いレの発音のポイントについて考える。<br>・よりよい演奏はどのようなものか（ブレス，フレーズ）を常に意識させる声かけを行う。<br>・新出の♯ファの運指を確認する。 | 1<br>—<br>2 |
| 【課題】<br>　表現の工夫をし，美しい「ふるさと」のリコーダーアンサンブルを演奏しよう。<br><br>・AR「ふるさと」のアンサンブルをする。<br><br>・「ふるさと」の範唱を聴いた後，詞の意味や曲の背景について確認し，改めて歌唱する。<br>・自分の思う「ふるさと」の曲想を仲間と共有する。<br><br>・アーティキュレーションについて知る。<br>・それぞれのアーティキュレーションで「かっこう」や「ふるさと」を演奏してみる。<br>・それぞれのアーティキュレーションによる演奏の違いをプリントに記入する。<br>・班で記入した内容の意見交流を行う。<br>・「ARの演奏における，アーティキュレーションはどのような意味（役割や効果）があるか」について自分の考えをまとめる。<br>・班でパート分担を行う。<br>・これまでの学習を基に「ふるさと」の表現を工夫し，アンサンブルの活動を行う。<br>・表現の工夫をした部分について話し合い，楽譜に書き込み，思いや意図を言葉としてまとめていく。<br>・自分たちの演奏をTPCに録音し，よりよい演奏にするために課題を発見する。<br>・演奏表現を深める。 | ・学習プランで，中心課題と目指すゴールの姿，学習の見通しを確認する。<br><br>・歌詞の意味を再確認することで発達段階に応じた想像力を引き出していく。<br>・曲想や漠然と受けていたイメージを言語化し，演奏につながる手立てとさせていく。<br>・既習曲「かっこう」を用いて，各アーティキュレーション（スタッカート・ノンレガート・ポルタート・レガート）の範奏を聴かせる。<br><br>・仲間の意見を色ペンで記入するように指導する。<br><br>・演奏時の並び方を事前に指示する。<br>・班のメンバーと表現方法は同じでも，自分はどうしたいのかを書けるよう事前に指示を出す。<br>・細かすぎる変化や急激な変化の多用など，実際の音のイメージや演奏と乖離した表現になっていないか客観的に聴き取らせ，適宜助言する。<br>・演奏発表時にスクリーンに楽譜が映し出せるように，完成した楽譜を提出させる。 | 3<br>—<br>5 |
| ・発表方法と，発表順の確認を行う。<br>・各班で，工夫点の発表者を選出する。<br>・発表前の演奏活動を行う。<br><br>・演奏の発表を行う。<br>・ペア班に録画をしてもらう。<br>・学習を通しての振り返りをする。 | ・立ち位置の確認を行う。<br>・代表者が「表現の工夫点と理由」を1分以内で発表してから演奏の発表を行う。<br><br>・1班につき，2つの班のメンバーからコメントがもらえるように組み合わせる。<br>・これまでの学習を客観的に捉えさせ，題材ごとのつながりや，文化や生活との関わりを意識して振り返らせる。 | 6 |

# 美術科

実践例①

## 1　本校美術科が考える「生きて働く［知識・技能］を育む指導と評価」

### ○美術科における［知識及び技能］とは

　美術科における［知識］とは，［共通事項］に示されている形や色彩，材料，光などが感情にもたらす効果や，造形的な見方・考え方などを理解することと，それらを基に，何かに見立てたり心情などと関連付けたりしながら，作品を全体のイメージや作風などで理解することを指している。また，［技能］とは，各題材で生徒自身が発想・構想したことを基に，材料や用具などの生かし方などを身に付け，意図に応じて工夫して表現しようとすることや，制作の順序を考えて見通しをもって表すことなどを指している。

### ○「生きて働く［知識・技能］」を育成する視点

　美術科の学習指導は，［知識・技能］と［思考・判断・表現］を相互に関連させることによって学びを広げたり深めたりできる題材を通して，生徒が［主体的に学習に取り組む態度］を育てることが大切である。本校美術科では，生徒が3観点の関係性を理解した上で題材に取組めるように，年度初めに「美術科のグランドデザイン」を示し，観点ごとの目標を共有した上で学習に取り組ませている。題材の設定にあたっては，生徒が造形的な見方・考え方を働かせて，創造的に鑑賞したり，主題に迫り豊かに表したりするプロセスを大切にしている。そのプロセスの中で，生徒が発想したことや構想したことを表すために必要となる［知識］や［技能］を新たに獲得したり，これまでの学びの中で身に付けた［技能］を洗練したりする活動を通して，「生きて働く［知識・技能］」を育むことが大切であると考えている。

　［知識・技能］の評価の場面においては，生徒が［知識］を理解した上で，技法等を活用して［技能］を高めることができているかを一体的に見取って評価している。授業内では，生徒の学習に対する個別のフィードバック，困り感の掘り起こしや助言などを大切にして形成的評価を進めている。また，授業外には，発想や構想のために行ったスケッチや，鑑賞活動でのワークシートへの記述，作品などを基に，生徒の学習のプロセスを確認することで，授業内では十分に見取ることが難しかった評価情報を得て，必要な情報を記録に残すとともに，授業の改善に活用している。

## 2　知識・技能を生きて働かせる工夫

### ○振り返りの実践

　本校美術科では，毎時間の学習の振り返りを項目ごとに色の違う付箋を使って行っている。今年度は「深まり」「気づいたこと」「迷い・疑問・悩

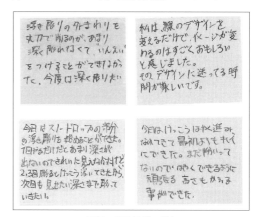

図1「思考ボード」

み」３つの項目で実施した（図１）。また，学期ごとに生徒にアンケートをとり，学びの定着や深まり，課題などについて考える機会をつくることによって，指導の改善につなげるとともに，全体を通しての学習のつながりや自己の学習の手応えを実感できる手立てとした。

○ワークシートの実践

　各題材において造形的な見方・考え方の基となる［知識・技能］を働かせるため，アイデアスケッチの段階で活用する［知識・技能］の具体的な効果をイメージさせながら取り組んでいる。第１学年で行った文字のデザインでは，表現したいイメージを明確にしながら，発想を基にした構想を実現するために効果的な表し方を選択し，効果を考えて表す様子が見られた（図２）。また，考えをより広げたり深めたりする

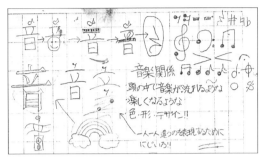

図２　アイデアスケッチ

ために，題材の導入や題材後に作品を活用した鑑賞の授業を行った。第３学年で行った抽象彫刻作品の鑑賞の授業では，１年時の既習事項である形や色彩，材質などの［知識］への理解を深めながら鑑賞活動を進め，作品制作への見通しをもち，自身の表現方法と関連付けながら鑑賞作品の作風や意図を深く考える様子が見られた（図３，図４）。

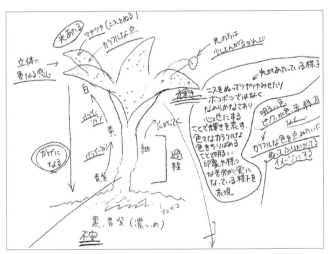

図３　アイデアスケッチ

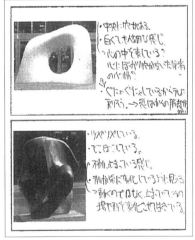

図４　鑑賞でのワークシート

## 3　実践の成果と今後への課題

　成果としては，題材で身に付けたい力を明確にし，目標に基づいた問いを設定したことで，造形的な見方・考え方が深まる様子が多く見られたことがある。課題は，評価の場面が多くなってしまった点である。生徒の学びを評価するために，生徒が授業の中で変容する場面で教師が声掛けを行ったり，プリントなどの返却時にコメントを添えたりするなど，指導に生かす評価場面を多く設定した結果，そのための負担が増してしまった。今後は，各題材の評価計画をさらに的確に絞り込む工夫を行い，効果的に指導と評価の一体化を図る手立てを検討していきたい。

# 美術科実践例①

## 1 単元を通じて実現を目指す「学びに向かう力」が高まっている生徒の姿

使う目的や使用する者の気持ちなどから表現したい作品について主題を生み出し，機能と美しさとしての表現を追究すると共に，人の感情に与える効果について様々な視点から考える活動を通して，造形的な視点を通して柔軟に考えている姿。

## 2 題材について

本題材では，紙を加工することで生まれる光の形や色彩，材料の特性などを学習し，日常生活を過ごす上での空間の重要性やそこで過ごす人に与える効果について考え，使う目的や使用する者の気持ちなどから主題を生み出し，ランプシェードを制作する。物の魅力を見つける力を養い，生活の中の美術の在り方について，造形的な視点を通して柔軟に考える力を培うことを目的とする。題材を通して，自分自身の表現を高めると共に，生活や社会を営む一人として，自分が生み出したものによって他者に感動や発見を与え，感情を共有する経験から，自己有用感を感じさせる機会としたい。

## 3 「指導と評価の一体化」を目指した観点別学習状況のあり方

### （1）「知識・技能」の指導と評価

本題材では，主題を表現するために必要となる「知識・技能」として，光の効果や材料の特性を実感をともないながら理解する学習を行う。素材の特徴や光の効果をイメージすることで，造形的な視点をもちながら，より効果的な表現を模索することに繋げたい。アイデアスケッチでは，班で意見交換しながら効果的な表現方法を選択することによって，

光の形や色彩，材料の特性などが感情にもたらす効果や，造形的な特徴などを客観的に捉えながら，より洗練された表現活動ができるように促したい。また，制作が進む中で学びを深めていく姿を形成的に評価し，生徒が創造的に表す技能の高まりを目指したい。

### （2）「思考・判断・表現」の指導と評価

「心に灯したい想い」についてワークシートや思考ツールを用いて考えさせ，生活の中の美術の効果について気付かせるようにする。制作前のアイデアスケッチからは，制作に向けてイメージをもてているかを評価する。作品制作に向けてのイメージマップやアイデアスケッチについての記述も完成作品と併せて評価し，「知識・技能」を相互に関連させた学びの深まりを支援したい。

### （3）「主体的に学習に取り組む態度」の指導と評価

毎時間，付箋で振り返りを行い，学びを整理していく。アイデアスケッチでは，使用する者の気持ちや目的，社会との関わりについて触れながら，造形的な見方・考え方を働かせて，もっとよいものにしようと試行錯誤していく過程を形成的に評価する。また，授業中は教師からの声掛けやフィードバックを受けるだけでなく，班で話し合いながら考え，意見を共有し認め合う学習を通して，より意欲的に制作に向き合えるようにしたい。こうして，活動の様子と生徒がこれまで書き溜めてきた付箋を整理した振り返りの記述，作品などから総合的に評価していく。

## 4 授業の構想

第１次では，制作に使う３種類の紙に触れ，材料のもつ特徴や光の見え方などの違いから，題材の主題である「心を灯すランプシ

ェードとはどのようなものか」について造形的な視点をもって考えさせる。また，導入時には，紙で造られた製品が人に与える効果について，光の効果や雰囲気などから思考ツールを使って考えさせることで，制作に繋がる学びとなるようにしたい。授業後は，付箋を使って思考を整理することで，気付きや学びを可視化する（**図1**）。

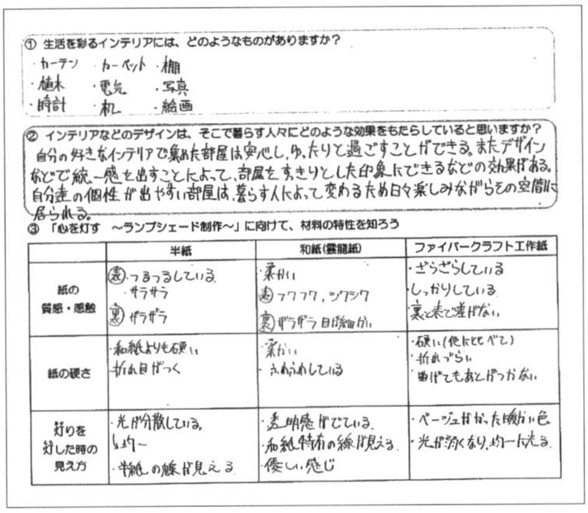

① 生活を彩るインテリアには、どのようなものがありますか？
・カーテン ・カーペット ・棚
・植木 ・電気 ・写真
・時計 ・机 ・絵画

② インテリアなどのデザインは、そこで暮らす人々にどのような効果をもたらしていると思いますか？
自分の好きなインテリアで集めた部屋は安心し，ゆったりと過ごすことができる。またデザインなどで統一感を出すことによって，部屋をすっきりとした印象にできるなどの効果がある。自分達の個性が出やすい部屋は，暮らす人によって変わるため日々楽しみながらその空間に居られる。

③ 「心を灯す　～ランプシェード制作～」に向けて、材料の特性を知ろう

| | 半紙 | 和紙(雲龍紙) | ファイバークラフト工作紙 |
|---|---|---|---|
| 紙の質感・感触 | (表)・つるつるしている ・サラサラ (裏) ザラザラ | ・柔かい (表) フワフワ，シワシワ (裏) ザラザラ 目が細かい | ・ざらざらしている しっかりしている 裏と表で違いがない |
| 紙の硬さ | ・和紙よりも硬い 折れ目がつく | ・柔かい ・ふわふわしている | ・硬い（他にとくらべて） ・折れづらい ・曲げてもあとがつかない |
| 灯りを灯した時の見え方 | ・光が分散している。 均一 ・半紙の線が見える | ・透明感がでている。 ・和紙特有の線が見える ・優しい感じ | ・ベージュがかった暖かい色 ・光が弱くなり，均一に光る |

図1　第1時のワークシート

第2次からは，作品制作に向けてアイデアスケッチを行う。第1時で考えたことを基に，思考ツールやスケッチなどからイメージを広げていく。アイデアを考えながら4人班で意見交換をすることで，他者の視点を活用しながら主題を生み出し，より効果的な表現方法について試行錯誤する様子を形成的に評価する。またアイデアスケッチでは，「心に灯したい想い・その理由」と「想いを表現するための工夫について」を分けて考えることができるようにワークシートを工夫し，「知識・技能」と「思考・判断・表現」を相互に関連させながら，創造的な視点をもって実感的に学びが深まるように促す。

第3次ではTPCを使い，思考の広がりや深まりが見られる生徒の思考ツールを共有させることで，他者の考え方を通して，自分の制作内容を深めることができる場面を設定する。また，ランプシェードの形や色彩，イメージする光の効果などをワークシートに描きこませることで，「知識・技能」を用いて創意工夫し，より良い表現を模索しながら構想を実現できるように促したい。

第3次からの制作でも，班の生徒と対話しながら光の形や色彩について試行錯誤できるようにする。ここでは，アイデアスケッチに囚われず，実際に紙を加工して生まれた表情からよりよい作品を制作するために創意工夫できるように促す。また，紙で形成するのが困難な生徒には，接着剤だけでなく，ステープラーなどいくつかの用具を用いることで，魅力的な形を生み出すことができるように支援する。制作に入ると生徒自身の造形的な視点が深まってくると同時に，一方で今回の学習の目標である「使う目的や使用する者の気持ち」などから作品を表現するという目標から遠ざかってしまうことがある。そのため，デザイン的な効果や目的となる主題について各自が授業の初めに確認するように促す。

完成作品の鑑賞では，ランプを飾った写真を使い，班で感想を伝えあい，様々な見方に触れながら自分の意図の伝わり方について他者を通して知ることで，成果を実感できるようにする。また，作品を家庭で展示した際に保護者からも感想を聞き，学校だけでなくより多くの繋がりから美術作品の効果を考えられる機会としたい。　　　　（谷田　恵実）

[資料]　資質・能力育成のプロセス（7時間扱い）

| 次 | 時 | 評価規準 | 【　】内は評価方法<br>及び<br>Cと判断する状況への手立て |
|---|---|---|---|
| 1 | 1 | 態　紙のもつ造形的な美しさなどを主体的に感じ取り，生活や社会を美しく豊かにする美術の働きについて考えるなどして，見方や感じ方を広げる鑑賞の学習活動に取り組もうとしている。（○） | 【発言の確認】【ワークシートの記述の確認】<br>C：和紙の重なりや形などに注目して考えやすいポイントを指摘し，それらについてどう感じるか考えるように促す。 |
| 2 | 2<br>―<br>3 | 思　使う条件などを基に，使用する者の気持ちや目的などから主題を生み出し，材料の性質や光，色彩の美しさ，機能などとの調和を総合的に考え，表現の構想を練っている。（○◎） | 【行動・ワークシートの記述の分析】<br>C：紙を加工することで生まれる形や色彩，光の見え方の特徴を問いかけ，使う場面によってどう感じるかを考えさせたりして主題を生み出すように促す。 |
| | | 態　美術の創造活動の喜びを味わい主体的に主題を生み出し，機能などとの調和を総合的に考え，表現の構想を練り，意図に応じて創意工夫し見通しをもって表現の学習活動に取り組もうとしている。（○） | 【行動・ワークシートの記述の確認】<br>C：ランプシェードを使う相手などを問いかけ，発想する楽しさを味わえるようにする。 |
| 3 | 4<br>―<br>6 | 知　光の形や色彩，材料の特性などが感情にもたらす効果や，造形的な特徴などを基に，全体のイメージで捉えることを理解している。（○◎） | 【行動・ワークシートの記述の確認】<br>【ワークシートの記述・作品の分析】<br>C：紙などを触らせながら，意図に応じて工夫して表せるように加工などを指導する。 |
| | | 知　材料の特性や用具の生かし方などを身に付け，意図に応じて創意工夫し，制作の順序などを考えながら見通しをもって表している。（○） | C：形や光をどのように表現したいかなどを問いかけたりしながら特徴を掴めるように促す。 |
| | | 態　美術の創造活動の喜びを味わい主体的に主題を生み出し，機能などとの調和を総合的に考え，表現の構想を練り，意図に応じて創意工夫し見通しをもって表す表現の学習活動に取り組もうとしている。（○） | 【行動・ワークシートの記述の確認】<br>C：考えたことや分からなかったこと，できたことを振り返り，制作の進度と共に自分自身が気になったことを気付けるように促す。 |
| 4 | 7 | 思　光の形やそれらが生み出す効果に見られる機能と美しさなどを感じ取り，作者の意図と創造的な工夫などについて考えるなどして，美意識を高め，見方や感じ方を深めている。（○◎） | 【ワークシートの記述の確認・分析】<br>C：作品や作品の写真などからどのようなイメージを感じたのかを形や色彩，光などの視点から考えさせる。 |
| | | 態　美術の創造活動の喜びを味わい主体的に光の形やそれらが生み出す効果に見られる機能と美しさなどを感じ取り，作者の意図と創造的な工夫などについて考えるなどして，見方や感じ方を深める鑑賞の学習活動に取り組もうとしている。（○◎） | 【発言・ワークシートの記述の確認・分析】<br>C：作品を見ながら，様々な捉え方があることに気付かせ，他者がどのような視点でものを捉えたのかを問いかける。 |

| 主たる学習活動 | 指導上の留意点 | 時 |
|---|---|---|
| ・板書やPowerPointを活用し，本題材の見通しをもつ。<br>・紙の美しさや，それらが生活に与えている効果とはどのようなものかを考え，感じたことをワークシートに記入する。 | ・参考作品の画像や材料の見本を鑑賞し，形や色彩，光の効果から人の感情に与える効果などワークシートに記述させる。記述するときには，「どこからそう感じたのか」について具体的に記述するように促す。 | 1 |
| 【課題】<br>心を灯す　～ランプシェード制作～<br><br>・ワークシートや思考ツールを活用し，生活の中に様々な役割をもつ"空間"があることを知り，心情への効果について班活動を通して様々な視点から考える。<br><br>・個々で作品へのイメージを深めながら班員と自分の考えについて意見を交換してアイデアスケッチを固めていく。<br><br>・材料となる紙とライトを触りながら，どのような加工からどのような表情が生まれるかを学び，人が過ごす空間をイメージして，効果的な表現を考え，作品のアイデアスケッチを描く。 | ・「心に灯したい想い」についてワークシートや思考ツールを用いて考えを深め，日々を大切に過ごすうえで必要と思われる考え方，生み出したい心情を表現するために効果的な方法について実感をもって考えられるよう，形や色彩，光が効果的に使われている様子を想像できるように促す。<br><br>・アイデアスケッチや思考ツールを共有する場面を設定し，学びの深まりを促すと共に主題とアイデアスケッチの関係性も深まるように指導する。<br><br>・和紙，半紙，ファイバークラフト工作紙の3種類の紙に触れ，班で意見交換しながら考えを深めるようにする。 | 2<br>―<br>3 |
| ・アイデアスケッチを基に制作を行うが，材料の特性を知り美しさを感じたことでデザインを変更することは可能であることを伝え，学びから柔軟な発想や制作ができるようにする。<br><br><br><br><br>・作品を飾った写真を撮影し，TPCを使いTeamsで共有し，鑑賞授業時に見れるようにしておく。 | ・作品の大きさは，15cm四方程度とする。<br>・絵具による着彩を行いたい場合は，紙によって表情が違うことや，透過率についても説明する。<br>・紙の接着や成形の仕方について具体的な形を示しながら説明を行う。 | 4<br>―<br>6 |
| ・ランプシェードの鑑賞会を行い，お互いの作品を鑑賞する。<br><br><br>・これまでの振り返りを見て，本題材における教科としての学びと，社会とのつながりの中で活用される汎用的なスキルの獲得状況について振り返る。 | ・自分や他者との対話を通して，自分の感じる美意識や表現の多様さを受け止め，認め合う意識をつくり出していけるように促す。<br><br>・これまでの学習を振り返らせ，成長したところや課題点について，生活や他の学習とつなげて考えられるようにする。 | 7 |

**┃第2部┃各教科の実践┃**

# 保健体育科

実践例①〜②

## 1　本校保健体育科が考える「生きて働く［知識・技能］を育む指導と評価」

### （1）保健体育科における「知識・技能」の評価の考え方

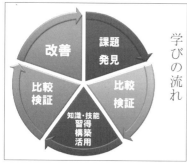

**図1　知識・技能の習得を目指した学習過程**

　本校保健体育科では，心と体を一体としてとらえることを重視し，生涯にわたる豊かなスポーツライフの実現と，自分の健康を適切に管理し，改善していくための資質や能力を身に付けることを目標としている。その中で「知識・技能」については，既習の内容と新たに学ぶべき内容を関連付けることを重視している。また，実生活で生きて働く知識・技能となるように，その習得過程において主体性を発揮すべく，生徒が自らの学びを調整することがきるよう授業デザインを意識している。生徒が既習の内容と新たに学ぶべき内容を関連付けながら「思考・判断・表現力等」を育成させ，さらに深い学びにするために生きて働く「知識・技能」が必要である。

　体育分野では，運動の特性を実技書やTPCを駆使して知識を学び，具体的な課題をもつことを大切にしている。また，課題の見通しや目指す姿を具体的にイメージさせて知識・技能の習得・活用を目指し授業に取り組んでいる（図1）。

　保健分野では，教科書や参考書の太字やポイントを暗記させるのではなく，ニュース等と関連付けさせ学習に取り組んでいる。そのため，学習内容を理解し，生活に関連付けて使いこなせるものとして発揮させることを目指している。

　保健体育の授業を通して，身につけた「知識・技能」が社会の様々な場面で活用できるよう，「知っている」だけではなく「分かった」と思える活動を生徒にさせたい。また，身体活動を通してその「分かった」を「使える」レベルまで体現させ，知識と技能を結びつけていきたい。

## 2　生きて働く［知識・技能］を育む指導と評価の工夫

### （1）生徒自らの気付きから知識と技能の定着につなげる授業デザイン

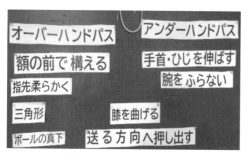

**図2　キーワードの可視化**

　既習の内容と新たに学ぶべき内容を関連させることで，知識と技能を身に付けさせ，課題を合理的に解決するためのよりよい活動の選択ができるようにしたい。そのために学習では，次の4つを意識して授業を展開している。①学習プランの活用②テーマ設定の工夫③キーワードの可視化と言語化（図2）④検証タイムの実施である（図3）。①では，生徒自身が学習に見通しをもち，単元を通して目指す姿をイメージしたり，他単元とのつ

ながりを考えたりする。②では，協働的に学習を行うことで達成できる内容をテーマに掲げ，チームのために一人一人が役割を果たす姿を目指す。勝つことや成功することだけに重きを置かずにチームで協力し合って課題を解決していく楽しさを感じさせたい。③では，技術のポイントとなる疑問や気付きを明確にし，重要となるキーワードを可視化し常に確認ができるようにする。練習の課題や方法，現状についてなど，提示したキーワードを使って思考し，確認する時間を何度も設けることで知識と技能を身に付けさせる。④では，仮説の検証や課題の明確化を図るために話合いを行ったり，テーマやなりたい姿の実現に向けて，動

☆ラリーを続けるためにできるようになりたいこと
・ボールを追いかけていつでもとれるようにする。
・誰がどのようなときにボールをとるのかを決める。
・スパイクなどの速い球は打たずに，優しいボールを打つ
・オーバーハンドパスとアンダーハンドパス場合に応じて使い分ける
・パスの力加減を考える
・ボールを狙った方向に打てるようになる
☆受け取りやすく，次につながりやすいパスをするために
・なるべくふんわりとしたボールを打つ（速すぎる球を送らない）
・高すぎず，低すぎないボールを打つ
　アンダーハンドパス→胸の少し下あたりに来るボールが取りやすい？
　オーバーハンドパス→頭の上くらいに来るボールが取りやすい？）
・ボールを打つ人は，「はい！」みたいな感じで合図をする
・高めにパスをしてボールをコントロールする。
・アンダーとオーバーの使い分けを考えるようにする。
☆ボールをもっていない人の動き
・ボールの落下点に移動する
・ボールが次のどこに来るか予測する
・ボールがいつ来てもいいように姿勢を構えている（パワーポジション）
・フリーな場所に走りこむ
・誰がボールを取りに行くのか判断して声をかける
次回の練習方法
①二人組を作り，向かい合って，片方の人がアンダーハンドパスのみで相手にボールを返し，逆にもう片方の人はオーバーのみで返す。
　何回か練習してラリーが続くようになったら，逆にして練習してみる。
　⇒狙いを定めて，相手にパスをする技術が向上する。
③練習の時にフリーの人はボールの動きと，どこにボールが落ちてるかを判断し，声をかける意識を持つ。
・ボールがどこに来るか推測して仲間に伝える
・空いている場所がないように立つ
・ネット付近でジャンプして相手のボールをブロックする
・ボールを受け取るときにオーバーが良いのかアンダーがよいのかを考える

図３　検証タイムのまとめ

きの確認を何度も行ったりする。課題を明確にするために，参考動画や実技書を活用し，チームの練習動画と比較させる。さらに，OneNote の共有スペースを活用して必要な動きについて考えをまとめる。それにより，課題が明確となり，合理的な課題の解決につながりやすくなると考える。

## （2）ICT 機器を活用した学習の取り組みの工夫

　3 学年の陸上競技，走り高跳びの授業では，助走・踏切・空中動作・着地の基本動作や動きのポイントを押さえた後，「走り高跳びにおけるベスト 1 跳躍をしよう」というテーマで授業を行った。

　はじめに目指す姿を映像や静止画を通して仲間と共有し，実技ポイントを実技書や TPC の参考動画，仲間のアドバイスを基に学習を進めた。単元終わりには Teams の課題機能で，学習した知識から自己の課題や動きについての説明と実践動画を提出させた。この学習を通して，課題解決に向けて知識を活用し技能につなげることができた。知識・技能の評価は，生徒自身による動きの分析やそれを改善するための手立てを，文章や言葉で説明する内容から評価した（図 4 ）。

【ベスト跳躍：120cm】
・踏切では左腕と右足の踏切をほぼ同時に振り上げること
・弧を描くように助走し，踏切をバーから距離をとり，バーの中点より右側で上半身を起こした状態で踏み切ること
・着地の時に右足を前からクロスするようにすること
・空中でつま先をみるようにして上半身を反らないようにすること

図４　Teams 機能を使ったベスト跳躍生徒記入例と動画

## 3　実践の成果

　今年度，各種目に応じて，様々な場面で生きて働く「知識・技能」の育成に着目して授業デザインを行えた。生徒は，既習の内容や他単元の内容と関連させ，「思考・判断」することにより「知っている」や「できる」に留まらず，「使える」レベルまでをゴールを目指すことができた。また，資質・能力の獲得する過程として，困ったことや分からないことがあった際，TPC を活用し情報を収集するなど，粘り強く考えていこうとする様子も見られた。今後も，生きて働く「知識・技能」を習得するための継続的な授業実践を行っていく。

# 保健体育科実践例①

## 1 題材を通じて実現を目指す「学びに向かう力」が高まっている生徒の姿

既習の知識と技能を活用して課題を解決するとともに、協働的な活動を通して互いの違いを認め合い、助け合いながら学習に取り組んでいる姿。

## 2 単元について

「球技（ゴール型）」の学習では、「ボール操作と空間に走りこむなどの動きによってゴール前での攻防をすること」を身につけられるようにすることが求められている。知識と技能のつながりを考えて、学習を深めていけるように「ゴール型」の単元をつなげ、「サッカー」の後に「バスケットボール」の授業を実施することとした。本単元のバスケットボールでは、「チームで協力をしてゴール下へ移動し、シュートチャンスを作り出す」をテーマに掲げ、勝ち負けや得点を重視せずに、チームで決めた作戦を成功させる喜びを感じさせたい。また、仲間との協働的な活動を通して、ボールを持たない時の動きに着目し、役割ごとに意識するポイントをチームで考えてゲームに取り組めるようにさせる。他単元とのつながりを意識して学習することで「分かる」から「使える」に知識と技能を変容させられると考える。

## 3 「指導と評価の一体化」を目指した観点別学習状況のあり方

### （1）「知識・技能」の指導と評価

学習プランを活用して学習に見通しをもつことや他単元での学びの振り返りを行うことで既習の知識と新たな知識を結び付け、思考を整理しながら学習を深めていく。また、生徒の疑問から拾い上げた内容でテーマ設定や表出してほしいキーワードを可視化し、繰り返し活用することで知識と技能の定着を図る。さらに、検証タイムでは、知識と技能の必要性を実感させ、自己やチームの課題を明確にすることで、学習が深まっていく。そして考えたことはOneNoteの共有スペースやホワイトボードにまとめ、全体で共有する。毎時間の振り返りと単元のまとめは学習ノートで行い、授業の様子や学習ノートの記述から評価していく。

### （2）「思考・判断・表現」の指導と評価

課題を明確にし、合理的な解決に向けて考えを他者にわかりやすく伝えるには、保健体育の見方・考え方を働かせて学びの充実を図ることが重要となる。具体的にはキーワードを活用させた仲間との意見交換やアドバイス活動の実施し、それらを正しく使えているかどうかを確認することが大切となる。練習を行う際には、「なぜこの練習を行っているのか」「目指す姿に近付くためには」などと声をかけ、練習の意図を言語化できるようにしていく。振り返りは、OneNoteの共有スペース、ホワイトボードを活用し、課題や次回に向けた改善案をチーム内で確認したり、全体で共有を図ったりさせる。課題に対して自己の状況を判断し、解決に向けて調整を行ったり、考えを伝えたりしているかどうかを話し合いの様子やアドバイス活動の発言などから評価していく。

### （3）「主体的に学習に取り組む態度」の指導と評価

生徒が、知識や技能の必要性を実感し、互いの違いを認め合い、助け合いながら学習を進める。授業では、生徒から生まれる疑問に対して、見通し→実践→振り返りを繰り返し行い、生徒自身が必要性を感じて、ワクワクした気持ちで活動に参加できるような姿を目指す。また、多くの生徒に意図的に手本とな

ってもらうことで，目指したい姿を身近に感じさせて，学習に取り組ませていく。振り返りでは，学習の過程を振り返ったり，これまでの学習と関連させて振り返らせたりすることを意識させたい。そして，教師は活動や話し合いの様子を観察し，「する・見る・支える・知る」の視点から様々な「できた」に気付くように声かけを行う。生徒の活動の様子や振り返りの記述などから評価していく。

## 4 授業の構想

　本単元では，「チームで協力をしてゴール下へ移動し，シュートチャンスを作り出す」をテーマに学習を進める。テーマを意識することで，仲間と協力し合って導き出した作戦を成功させる楽しさや喜びを味わえるようにする。

　第1次では，学習プランで見通しをもたせた後に，テーマに迫るために①空間に仲間と連携して走り込む②マークをかわしてゴール前での攻防を展開するという2つの視点からチームごとで意見をまとめ，チームでの共有を図る。単元の始めに「ゴール型」で共通する知識と技能を理解することで，課題を合理的に解決できるようにさせる。また，「検証タイム」では，参考動画や実技書を活用して学習を進め，ボールをもっている時，持っていない時の視点から場面に応じた動き方や，技術のポイントをチームごとにまとめさせ，確認を行う。その後，「ドリブルは使わない」「全員でパスを回すこと」など，条件のあるタスクゲームに挑戦させ，ゴール下までボールを運ぶための作戦を考えさせる。その際，相手に取られにくいパスや空間に走り込む動きに視点をもたせる。ゲームから課題を設定し，その解決に必要となる練習方法を考えOneNote の共有スペースに内容を整理してまとめさせる。（図1）

　第2次では，チームごとに見いだした課題の解決に向けて TPC で撮影をしながら練習を行い，動画で動きの確認をしながら学習を

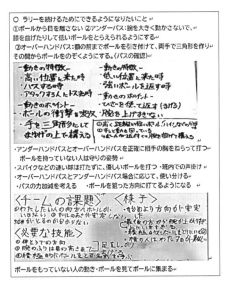

**図1　共有スペースの活用の例**
**（バレーボールの授業より）**

進める。また，ゲームから練習した内容が実現できているかどうか，考えた内容は効果的であるかどうかを確認し，ホワイトボードにまとめ，振り返りを行う。そして，アダプテーションゲームでは楽しみながら身に付けた技能を活用し，ゲームの中で課題を解決していけるようにバスケットボールのルールをアレンジしていく。ルールの変更はドリブルの有無やパスの回数制限など，生徒が自ら考える。ゲームを通して，技能が身に付いているか，発揮できたかを確認できたり，ルールに合わせたゲーム展開を思考したりすることで，新たな課題に気付かせる。振り返りの場面では，ゲームの様子を動画で確認をしながらボールを持っている人，持っていない人，それぞれの動きに着目させて，どのようにしてボールをゴール下まで運んだかを分析させる。全てのメンバーが役割をもってゲームに参加できるように，チーム内で役割ごとの動きについて思考させ，すべてのメンバーが役割を果たすことで充実した取組になることを実感させたい。競技を通じて，互いの違いを認め合い，協働的に学習する姿を目指していきたい。
　　　　　　　　　　　　　　　（松山　晴香）

[資料]　資質・能力育成のプロセス（11時間扱い）

| 次 | 時 | 評価規準 | 【　】内は評価方法<br>及び<br>Cと判断する状況への手立て |
|---|---|---|---|
| 1 | 1<br>―<br>3 | 知　バスケットボールの歴史や特性,高まる体力について理解している。（○） | 【学習ノートの記述の確認】<br>C：仲間と助け合い，実技書やTPCを用いてバスケットボールの楽しさを考え，歴史や特性，高まる体力ついて確認させる。 |
| | | 知　技術の名称やその行い方について理解している。（○） | 【学習ノートの記述の確認】<br>C：仲間と助け合い，実技書やTPCを用いて技術の名称や行い方について確認させる。 |
| | | 態　学習の進め方や準備運動の行い方,学習課題について理解しようとしている（○） | 【行動の確認】<br>C：ホワイトボードに流れを記入し，確認できるようにする。 |
| | | 思　分担した役割を果たして,自己やチームに適した課題を発見し，練習の工夫をしている。（○◎） | 【行動の観察・分析】<br>C：キーワードやチームで記入したホワイトボードの内容を確認したり，アドバイス活動や学習ノートの内容を確認したりするように促す。 |
| 2 | 4<br>―<br>9 | 態　安全に留意し，単元に対する疑問をもち，練習や話し合いに主体的に参加しようとしている。（○） | 【行動の観察】<br>C：仲間の意見を聞き，自分の意見も述べることができるように声掛けをする。 |
| | | 思　課題の解決に向けて変容につながる練習内容を選択し，仲間に伝えたり学習ノートにまとめたりすることができる。（○◎） | 【発言の観察・学習ノートの記述の分析】<br>C：課題の選択につながるヒントとなるように学習ノートにラインを引き，変容につながる選択ができているかどうか考えさせる。 |
| | | 知　基本的なボール操作やパスを受けるための動きやシュートにつながるゴール前の攻防の方法を理解している。（○◎） | 【学習ノートの記述の確認・行動の観察・分析】<br>C：貼りだされたキーワードを確認し，実技書や参考動画で正しい動きを確認させる。 |
| | | 技　基本的なボール操作やパスを受けるための動きやゴール前の攻防，ボールをもたない人の動きを理解している。（○◎） | 【行動の観察・学習ノートの記述の分析】<br>C：TPCで撮影した動画などから実際の動きを確認し，動き方について考えさせる。 |
| | | 思　練習やゲームを振り返り，更なる課題を発見し他者に伝えようとしている。（○◎） | 【行動の観察・学習ノートの記述の分析】<br>C：TPCで撮影した動画と参考動画を検証したり，キーワードと照らし合わせながらホワイトボードに書きこみ確認したりするように促す。 |
| | 10<br>―<br>11 | 態　これまでの学習を通して，自己の変容や取組の工夫をまとめて，評価・改善しようとしている。（◎） | 【学習ノートの記述の分析】<br>C：これまでの学習ノートの記述や，仲間との関わりを思い出させ，学習の前後の様子を比較して今後の改善につなげるように促す。 |

| 主たる学習活動 | 指導上の留意点 | 時 |
|---|---|---|
| 【貫くテーマ】チームで協力してゴール下へ移動し　シュートチャンスを作り出そう<br><br>・単元を通して貫くテーマと見通しの確認をする。<br>・基本の技能に関する課題に対して仮説を立て，TPCで技能を発揮している姿の動画を撮影する。<br><br>・他単元とのつながりを確認する。<br><br>・単元を通して目指す姿を明確にする。<br>・バスケットボールの歴史，特性，技術の名称を理解する。<br>・実技本や参考動画と撮影した動画を比較して仮説の検証を行い，課題を明確にする。<br><br>・単元を通して貫くテーマを再確認する。 | ・学習の見通しをもてるように目指す姿をイメージさせる。<br>・学習ノートの記入の仕方，5アップ，キーワードの貼り出しとその活用の仕方，全員で楽しむ活動にするための工夫，スポーツの多様な関わり方について再度確認をしてから学習を進める。<br>・【ゴール型】でつなげる意識は，基本的なボール操作の習得，仲間と連携して空間に入り込む動き，ゴール下までボールを運ぶ，ゴール前の攻防を展開させることを確認する。<br><br>・空いたスペースに入り込む動き，タイミングよくパスを出す動き，相手をかわす動きの視点から参考動画を確認できるようにする。<br>・役割を確認してボールを持つ人，持たない人の動きからそれぞれの役割の必要性を考える。 | 1<br>｜<br>3 |
| 【課題】相手の動きを予測してボールを持たない人の動きを考えよう。<br><br>［課題解決に向けてチームで活動］<br>・チームの課題を確認し，練習を行う。<br>・練習の選択→検証→実践→振り返り<br>［全体で本時の活動のまとめのゲーム］<br>・5アップや課題の解決に向けた練習に一貫性をもたせたミニゲームを行い，生徒の活動や習得状況を確認させる。<br>【課題】役割を果たして空間を作り出しパスを組み　合わせてボールをゴール下へ運ぼう。<br>【課題】「チームで協力をしてゴール下へ移動し，　シュートチャンスを作り出す」<br><br>［アダプテーションゲームの実施と振り返り］<br><br>・ホワイトボードや共有スペースを活用<br>・チームで決めた作戦を実施した結果を振り返り，どのようにしてゴール下まで移動したかを，役割ごとで個人の動きを確認し，作戦内容，練習内容，チームの動きを振り返る。 | ・自己やチームの課題についての変容が見られるように技能のポイントや気付いたことを共有スペースに記入するように促す。<br><br>・知識や技能の確認の際は，貼り出しているキーワードを確認するように促す。<br><br>・チーム内の考えを学びの過程として残せるように,練習をTPCで撮影し，練習途中や最後の振り返りで活用する。<br><br>・本時のテーマや，チームの課題達成のための練習となっていたかどうかを，毎時間の最後にチームで確認を行う。<br><br>・アダプテーションゲームでは，パスやドリブルなど技能の定着に合わせてルールを変更させる。ゲームの内容を振り返り，生徒自身で学習を調整する過程を大切にさせる。<br>・アドバイスチームを組み，互いにアドバイスし，援助し合いながらゲームを行う。適切なアドバイスができるように実技書やキーワードを確認するように促す。 | 4<br>｜<br>9 |
| ・バスケットボールを通して学んだことや，自己の変容を振り返り，学習ノートにまとめる。<br>・他単元とのつながりや今後に活かせることの確認を行う。 | ・1次で撮影した動きと現在を比較して，「ゴール型」の単元で目指す姿に対してチームが成長した姿を確認させ，全体で共有を図る。<br>・スポーツにおける多様性からの視点でも振り返りを行うように促す。 | 10<br>｜<br>11 |

# 保健体育科実践例②

## 1 単元を通じて実現を目指す「学びに向かう力」が高まっている生徒の姿

社会環境が変わっていく中でも，健康に関する情報を吟味し，知識を活用して多様な解決方法を考え，健康に関する課題を適切に解決している姿。

## 2 単元「健康な生活と疾病の予防」

私たちが健康に過ごすためには，健康と病気に関する知識に加え，日々の行動が健康によいものかどうかを判断する力を身に付ける必要がある。特に新型コロナウイルス感染症の流行から，健康に過ごすために必要な情報の収集やその情報の取捨選択がより一層必要であり，関心も高くなっている。また，感染症の予防に関する課題を発見し，その解決に向けて思考し判断するとともに，それらを表現することができるようにすることで，社会環境が変わっても適切な判断と行動ができると考える。

そこで，本単元では，新型コロナウイルス感染症を通して，感染症の予防について理解させ，生涯を通じて感染症の予防・対策に必要な資質・能力の育成ができるようにしていきたい。

## 3 「指導と評価の一体化」を目指した観点別学習状況のあり方

### （1）「知識・技能」の指導と評価

本単元は「感染症は，病原体が環境を通じて主体へ感染することで起こる疾病であり，適切な対策を講ずることにより感染のリスクを軽減すること」が目標である。その概念的な知識を習得するにあたっては，インフルエンザウイルスとコロナウイルスを比較し，ウイルスの特徴を学習することや，「コロナ流行時にインフルエンザ感染者数が減った理由はなぜか」と発問することで考えを促し知識を深めていく。本単元では，既習の内容と新たに学んでいく知識を活用させ，保健の見方や考え方を働かせたい。評価は概念的な理解を問う問題をペーパーテストや図やグラフを入れたパワーポイントから行っていく。

### （2）「思考・判断・表現」の指導と評価

本単元は，「感染症の予防について，習得した知識を自他の生活に適用して，疾病等にかかるリスクを軽減する方法を探る」ことが目標である。

近年は，社会の変化に伴う現代的な健康に関する課題の出現や，情報化社会の発展により様々な健康に関する情報の入手が容易になり，環境が大きく変化している中で，生徒が生涯にわたって適切な健康に関する情報を選択したり，健康に関する課題を解決したりすることが求められる。本単元では，新型コロナウイルスに関する間違った情報の確認方法や情報に対しての批判的な見方・考え方を意識させ，思考を促していく。評価はペーパーテストのみならず，ワークシートの記述や発表を通して論理的に考察しているか評価していく。

### （3）「主体的に学習に取り組む態度」の指導と評価

本単元は「健康な生活と疾病の予防についての学習に自主的に取り組もうとしていること」が目標である。そのため，1次で，学習プランを用いて，学習目標を共有する。また，3次からは，成果物の作成や深めた知識を発表していく。そこで，ICT機器や書籍を参考にし，知識を活用させ学習していく。「知識」や「思考・判断・表現」における学習目標の達成に向けて，生徒がどのように考え，取り組んでいるかをワークシートの記述やパワーポイント等の成果物で評価する。

## 4　授業の実際

　1次では，単元の見通しや単元の目標を提示した。学習プランの内容を生徒と共有し，単元の目標を「感染症の科学的な認識を身に付け，確かな健康に関する情報を発信しよう」とした。また，感染症に関わる発問を通して知識を深めていった。具体的には，「濃厚接触者は？」という教材を作成し知識を深めた。この教材では，新型コロナウイルス陽性になってしまったＡさんの仕事で関わっていた人のうち，どの人が濃厚接触者になるかを学習した。その際に「病原体が体に侵入し定着・増殖することを感染という」ことや「感染から発病までの期間を潜伏期間という」など，感染のメカニズムについての知識を学習することができた。特に新型コロナウイルスの特徴である感染していても発病しない不顕性感染についても触れることで，新型コロナウイルス感染症対策に向けての生きて働く知識を定着させることができた。

　生徒からは，「情報を知らないと必要以上に怖がってしまい，適切な対処ができないと思うので，知ることは大切だなと思った。」「新型の感染症という前代未聞のものが流行するとみんなが動揺してしまい，どんな情報でも信じてしまいがちですが，きちんと情報を精査することが大切だと思った。」などの記述があり，感染症に関わる知識を活用し，日常生活に関連付けて学んでいる様子が見られた。

　2次からは，「確かな情報はこれだ！」というテーマを掲げ，授業を展開した。生徒には，あらかじめ準備していた2020年1月から2021年3月までの30個の新聞記事から調べ解決したい内容を選択させた。生徒は情報を発信する立場として，情報の信憑性と情報の科学的な根拠を意識して整理し，その内容をパワーポイントにまとめた。その際，総務省が掲げている4つの情報の観点（情報の比較・発信源・情報の発信日・一次情報の有無）から，健康に関する情報の分析を行い，授業を進めた。

　次に，班で発表を行い，内容を確認した。4人班で新聞記事の内容が異なるため，情報共有のみならず，新たな知識を得ることができるとともに科学的な認識について内容を深めることができた（図1）。

　班内発表終了後，さらに，4人班の中から代表者を決め，クラス発表につなげた。そこでは，授業で身に付けた知識が社会の様々な場面で活用できるように，再度，代表者の新聞記事を批判的な視点から見つめ直した。

　本単元で新聞記事の内容を読み解き，発表することを通して，以下の成果が得られた。
・知識の習得のみならず，得た知識を活用し，生活に関連付けることができた。
・個人で考え，発表をすることを通して，教科書を覚える単なる知識に留まらず活用する知識を定着することができた（図2）。

（長島　健二朗）

図1　班内の発表

図2　クラス発表

[資料]　資質・能力育成のプロセス（全5時間扱い）

| 次 | 時 | 評価規準 | 【　】内は評価方法及び<br>Cと判断する状況への手立て |
|---|---|---|---|
| 1 | 1 | 知　健康は，主体と環境の相互作用の下に成り立っていること。また，疾病は主体と環境の要因が関わりあって発生することを理解している。（○） | 【ワークシートの記述の確認】<br>C：インフルエンザや新型コロナウイルスの違いを押さえ，それぞれの特徴を図やグラフを用いて整理させる。<br>C：グループでインフルエンザが減った理由を考えさせ確認をさせる。 |
| | 2 | 知　感染症は，病原体が主な要因となって発生すること。また，感染症の多くは，発生源をなくすこと，感染経路を遮断すること，主体の抵抗力を高めることによって予防できることを理解している。（○○）<br><br>思　健康な生活と疾病の予防について，課題を発見し，その解決に向けて思考し判断し，それらを表現している。（○） | 【ワークシートの記述の確認・分析】<br>C：教科書・ワークシートの内容である「感染症は主体・感染源・感染経路」の3要因が重要であることを確認させる。<br><br>【ワークシートの記述の確認】<br>C：ウイルスの種類や特徴を教科書やTPCで確認させ，新型コロナウイルスとの比較を行い，課題を発見させる。<br>C：感染症の予防で重要な3要因の中から，1つを選び課題を発見させる。 |
| 2 | 3<br>｜<br>4 | 思　健康な生活と疾病の予防について，課題を発見し，その解決に向けて思考し判断し，それらを表現している。（○○）<br><br>態　健康な生活と疾病の予防についての学習に自主的に取り組もうとしている。（○） | 【ワークシートの記述の確認・分析】<br>C：パワーポイントを作成するにあたっての情報収集ができているかを確認させ，何を主張したいかを記入させる。<br><br>【行動の観察】<br>C：ワークシートや教科書，自らTPCで調べた内容を読み返し，感染症に対する考えをまとめさせる。 |
| 3 | 5 | 思　健康な生活と疾病の予防について，課題を発見し，その解決に向けて思考し判断し，それらを表現している。（○○）<br><br>態　健康な生活と疾病の予防についての学習に自主的に取り組もうとしている。（○） | 【ワークシートの記述の確認・分析】<br>【ペーパーテストの分析】<br>C：学習した健康課題を表や図などを用いて考え，具体的に整理させる。<br><br>【行動の観察】<br>C：自らが立てた目標に対して，どこまで達成できたのかを記述させる。 |

| 主たる学習活動 | 指導上の留意点 | 時 |
|---|---|---|
| ・「学習プラン」を用いて，本単元の見通しを全体で共有し，自身の学習目標を考える。<br><br>【課題】<br>健康情報を収集し，課題を発見し批判的に分析しよう。<br><br>・複数の新聞情報からインフルエンザの感染者数を予想する。<br>・グループごとに感染者数の推移を発表する。<br>・インフルエンザが減った理由を共有する。<br>・普段の生活で情報を得るときに気を付けることを考える。<br>・間違った情報の確認方法（総務省の4観点）<br>・配付プリントの説明と次時の予告をする。 | ・「学習プラン」を示し，学習の流れと身に付けたい資質・能力を共有する。 | 1 |
| ・前時の振り返りをする<br>・感染症の3要因についての説明をする。<br><br>・濃厚接触者について知識を深める。<br>・感染症の仕組みについて理解する。<br>・情報分析の方法について確認をする。<br>・感想をワークシートに記入する。 | ・個人やグループでの活動を通して情報を批判的に捉えることができるようにする。<br>・新聞情報，「濃厚接触者とは」，「チェックリスト」を配付する。 | 2 |
| 【課題】<br>調べたい健康情報を分析してみよう。<br><br>・前時の振り返りをする。<br>・健康情報の分析をする。<br>・グループ発表会について説明を行う。<br>・各グループで発表のパワーポイント作りを行う<br>・本時の学習の振り返りと次時の予告をする。 | ・コロナ情報の年表を見て気になる情報を選択する。<br><br>・時間内にパワーポイントの作成が終了しなかったグループは，次回までに完成させておくよう指導する。 | 3<br>―<br>4 |
| ・グループ発表後に，質疑応答をする。<br><br>・発表を聞いて気が付いたこと感じたことなどについてワークシートに記入する<br><br>・テレビや新聞，インターネットの情報とどの様に向き合ったらいいだろうかを考える。<br>・自分の考えと単元を通しての感想をワークシートに記入する<br>・単元のまとめを行う | ・情報を発信するときの注意点を知る。<br>・グループ発表を聞いて初めて知った情報や驚いた情報についての意見などについて討論する<br><br>・本単元で学んだ「感染症の基礎知識について」「間違った情報の確認方法について」「メディアとの向き合い方について」を理解できるようにする。 | 5 |

実践例①

# 技 術 ・ 家 庭 科 【 技 術 分 野 】

## 1　本校技術・家庭科（技術分野）が考える「生きて働く［知識・技能］を育む指導と評価」

　技術分野の学びを通し育む知識及び技能については学習指導要領の中で，「生活や社会で利用されている材料，加工，生物育成，エネルギー変換及び情報の技術についての基礎的な理解を図るとともに，それらに係る技能を身に付け，技術と生活や社会，環境との関わりについて理解を深める。」と明示されている。また，ただ単に用語の意味や様々な技術の特性などの原理・法則や基礎的な技術の仕組みを覚えるだけではなく，生徒自身が場面に応じて必要な知識や技能を関連付けながら使えるようになることが大切となる。こうした力を育んでいくために技術分野では授業の中で次のような実践を行った。

### ○材料や道具など技術を比較する場面の設定

　技術を様々な場面で目的に合わせ活用できるようにするためには，各技術がもっている特性や仕組みを幅広く理解しておかなければいけない。そのため狭い視点から技術を考えるのではなく，様々な技術を比較することでプラス面やマイナス面など各技術が持っている様々な特性についてより理解することが可能になると考える。例えば，材料と加工の技術において材料の性質を考える際に「もし今使っている机の天板が木材ではなく金属だったらどうなると思う？」と様々な場

図1　道具の比較表

面をイメージできるような問いかけを行ったり，目的に合わせどの工具を使うべきか考える際に各工具の特徴を比較し表にまとめたりすることが有効な手立てだと考えられる（図1）。またここで挙がった特徴について「なぜそのような特徴が出るのだろう？」とさらに問いかけていくことで，より深く技術の特性や仕組みについて考えることができるようになる。実際の授業では，こうした問いかけに対する応答やワークシートの記述内容から技術の特徴について幅広く理解できているかを見取り，状況に応じてさらなる声掛けを行った。

### ○製作（制作・育成）記録表の活用

　技術による問題の解決において知識に基づいて技能を問題解決の過程に適用できるようにするため製作（制作・育成）記録表を通した指導の工夫が考えられる。毎時の活動後に記録する内容としては「①課題の解決を目指して行った作業（大切にしたこと）」，「②解決すべき問題・新たな情報」を項目として設定し，実際の活動の写真なども添付しながらその日の自身の活動を振り返るようにしている（図2）。①では過去に挙がった問題をどのように解決したかも記録させたり，②では起こった問題を解決するにはどのような情報が必要かも考え，記録させたりした。記録表については次の時間の導入で生徒それぞれが確認しその日の見通しを立てることに役立たせることで，過去と現在の学びがつながり得た知識を継続して活用して問題解決に挑戦していく姿が多

く見られるようになった。教師は，内容を確認し知識が活用されている部分にアンダーラインを引いたり，さらに考えてほしい部分に「○○の解決策についてインターネットで調査してみよう」などコメントを入れたりしてフィードバックをする。記

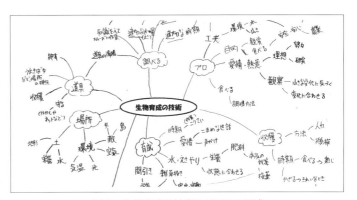

・先週からの一週間の間で，強風が吹いていた日があり，小松菜の様子が不安だった。
→溶液をこまめに入れ替えていたこともあり，茎がしっかりしていたので特に影響を受けずに済んだ。
・３０度を超える日が続いていて，暑さに耐えられているか不安だった。
→暑さに強い「つなしま」を選択していたので，大きな影響はなかった。しかし，葉に元気がないように見えたので，溶液を入れ替える時に水の量を少し減らした。すると溶液の濃度が濃くなり，元気になるのではないかと考えた。
→これから更に暑い日が続くと考えたので，風通しの良い場所を好み，長時間日光に照らされることを嫌う小松菜の特徴を考え，新たな場所に移動させようと思っている。

・発芽のスピードが遅い。より速く，丈夫な苗を発芽させることが必要。どのようにすれば，より速く，丈夫な葉を発芽させられるのかについて調べなければならない。
→水耕栽培に挑戦！種まきから発芽までの流れを紹介します！おしゃれ照明器具ならMotoM (motom-jp.com)というサイトによると，より速く発芽させるには，発芽までは，メラミンスポンジを絶対に乾燥させないこと，程よく光を当てるということをすればよいと書かれていた。なので，水を１㎝くらいにしていたが，４㎝くらいにして，乾燥させない工夫をする。

図２　育成記録表の記述

録表のデータについては，クラウド上に保存させ，生徒・教師ともにいつでも確認できるようにすることで，教師が記述を確認し評価している間，生徒が新たな情報を記述できないような問題も解消することができた。このような指導を継続的に行うことによって，生徒自身が知識を生かそうとする姿勢や知識をしっかり活用できたことによる技能の向上が見られるようになった。

## ○思考ツールの活用

技術が社会や環境，経済など様々な要素とつながっていることや様々な制約がある中で最も目的に合致したものが考えられていることを理解できるようにするため，学んだことを整理するための状況に合わせて思考ツールを活用することが有効であると考える。例えば「社会の発展と技術」の場面でこれまで学習したことのつながりに気付け

図３　生物育成の技術におけるの記述

るようにイメージマップを活用し内容を結びつけながら整理させたり（図３），ダイヤモンドランキングを活用し大切にしなければいけないことがたくさんある中で，目的に合わせ優先順位を考えながら折り合いをつける必要があることに気付けるようにしたりする。記入する際，今までのワークシートを再度振り返らせたり，仲間のまとめたものと比較させたりすることで技術についての考えをさらに深められている様子が見られた。最後は整理した情報を基に技術の概念について文章で説明させ，技術を俯瞰的に捉えられているか確認していく。

## 2　実践の成果と今後への課題

今年度，上記のような工夫を授業で行ったことによって，今まで以上に学習で身に付けた知識や技能を実際の問題解決の中で生かそうとする生徒の姿が多く見られるようになった。また，困ったことや分からないことがあった際，自然とTPCなどを活用し情報収集するなど，粘り強く考えていこうとする様子も見られた。限られた授業時間の中で技術による問題の解決の内容を充実させつつ，記録を丁寧に残させることの時間配分の難しさについては課題が残ったものの，このような取り組みを３年間継続していくことで，生きて働く「知識・技能」の習得につながっていくのだと考えられる。

# 技術・家庭科【技術分野】実践例①

## 1 題材を通じて実現を目指す「学びに向かう力」が高まっている生徒の姿

課題解決に向け，材料や加工の特性等の原理・法則と，材料の製造・加工方法等の基礎的な技術の仕組みを踏まえながら，複数の側面から技術を評価し，活動を振り返り改善しながら目的や条件に合った最適な解決策を考えている姿。

## 2 題材について

本題材は，日常生活から生徒が収納に関する問題を見つけ，木材を使った製品製作でその問題の解決を目指す。トレードオフを意識させながら条件に合った最適な解決策を考えることで，持続可能な社会の実現に向けて，技術を工夫し創造しようとする実践的な態度を育てられるようにしていきたい。

また，活動の状況に合わせ知識及び技能を活用して問題解決が進められるよう，ワークシートの記述や成果物等を相互評価し情報を共有してよりよい方法を検討できるようにする。その際，考えの根拠を丁寧に共有させることで，知識をしっかりと関連付けながら活動できるようにしたい。

## 3 「指導と評価の一体化」を目指した観点別学習状況のあり方（3次について）

### （1）「知識・技能」の指導と評価

これまでの学習で働かせてきた技術の見方・考え方や自分が大切にしてきた視点を振り返り，ウェビングマップで関連付けながら整理していく。そうすることで材料と加工の技術が生活や社会に果たす役割や影響，様々な要素のつながりなどに気付き，材料と加工の技術の概念について理解できるようになる。評価する際には，図でまとめたものを参考にしながら

「材料と加工の技術と関わるうえで大切なこと」について文章で記述させ，技術の概念について理解できているか評価していく。

### （2）「思考・判断・表現」の指導と評価

問題解決の中で生徒が悩んだことや失敗したことなど，材料と加工の技術の問題を取り上げ現状の課題を整理させる。その後，最新技術を紹介し，今後さらに必要となる技術について考えていく。その際，レーダーチャートを活用し技術を多面的に評価させることで，新たな技術をどのように活用すべきかや，よりよい未来に向けた技術の改善点を具体的に考えられるようにする。評価については記述された提案内容から技術を多様な視点から評価できているか，適切な技術のあり方について考えられているか評価していく。

### （3）「主体的に学習に取り組む態度」の指導と評価

これまでの学習で蓄積してきたワークシート等を見直させ材料と加工の技術を活用する際に大切なことを振り返らせたり，社会で起きている材料と加工の技術に関わる問題にも触れながら考えさせたりすることで，より多くの視点や立場に目を向けながらよいより技術のあり方について考えられるようにする。評価する際には，提案に込めた思いを記述させ，その内容について評価していく。

## 4 授業の実際（18時間目）

授業の導入では，学習のまとめとして最後は材料と加工の技術の未来について考えていくことを共有した。また，未来についてより現実的に考えられるように，まずは現状の技術をしっかり理解する必要があることを伝え，これまでの学びを振り返ることからスタートしようという話をして授業を始めていった。

これまで学習した内容を丁寧に整理し，様々な要素を関連付けながら技術の概念について理解できるよう，今回はウェビングマップを活用して技術を考えるうえで大切なこと・現状の課題をまとめるようにした。記入する際の注意点として，まずは技術を考えるうえで大切な大きな視点（安全・環境・費用等）を挙げさせ，その視点につながる具体的な活動やポイントをさらにつなげて記入するようにした。この活動では，過去のプリント等を見直しながら，学びや実際の生産者の想いなどを確認し，身に付けてきた知識・技能を丁寧に振り返る生徒の様子を見ることができた（**図1**）。

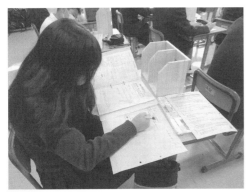

図1　振り返っている様子

実際に図にまとめる中で，「正確性をあげるため丁寧に確認したり手作業で一つずつ仕上げたりするとその分時間がより必要となってくる」など，一つの活動が他にも影響を与えることの関係性に気付き始めた生徒もいたので，全体でその気付きを共有し，マイナスの影響を与える関係についてはペンの色を変えるなど技術のトレードオフについてさらに注目してまとめていくように確認した（**図2**）。

記入後は，内容が正しいか等を確認するため，班内で内容を発表し合い情報の共有を行った。班内の共有の中でも，「設計図に沿ってより正確に製品を作りたかったけど，決められた時間（条件）の中で活動しなければいけないのでそのバランスが難しかった」など技術の最適化につながる話があがるなど，今

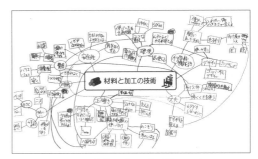

図2　実際のウェビングマップ

回生徒たちに理解してほしい技術の概念について考える様子が見られた。

共有後はここまでの活動で理解したことを説明させるため，図を基にしながら文章で材料と加工の技術を活用するうえで大切なこと，現状の技術の課題をまとめさせるようにした。生徒の記述には様々な要素のつながりや目的に合わせ何を優先すべきかを考えることなど，技術の概念についての説明があり，今回生徒に育成したい資質・能力が高まっている様子を見ることができた（**図3**）。また，その後の授業で行った最新技術について評価し条件に合った最適なものを考える活動でも，今回の学びがつながっている様子が見られるなど，身に付けた知識・技能が思考・判断・表現の中で生かされている様子も確認することができた。

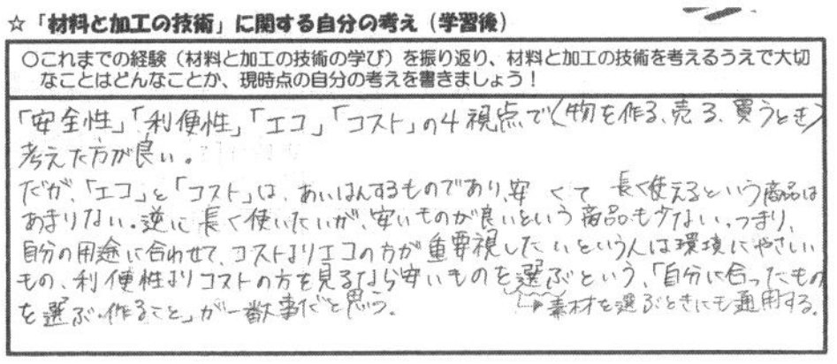
☆「材料と加工の技術」に関する自分の考え（学習後）

○これまでの経験（材料と加工の技術の学び）を振り返り、材料と加工の技術を考えるうえで大切なことはどんなことか、現時点の自分の考えを書きましょう！

「安全性」「利便性」「エコ」「コスト」の4視点で（物を作る、売る、買うとき）考えた方が良い。
だが、「エコ」と「コスト」は、あいはんするものであり、安くて長く使えるという商品はあまりない。逆に長く使いたいが、安いものが良いという商品も少ない。つまり、自分の用途に合わせて、コストよりエコの方が重要視したいという人は環境にやさしいもの、利便性よりコストの方を見るなら安いものを選ぶという、「自分に合ったものを選ぶ・作ること」が一番大事だと思う。
→素材を選ぶときにも通用する。

図3　知識・技能の変化

課題としては，ウェビングマップを活用し様々な関連性に気付くことができた生徒は多かったものの，内容を整理しきれず，中には学んだことを文章に表現しきれない生徒もいた。今後は1年生ということも含め，内容のまとめ方についてはさらなる改善が必要だと感じた。　（佐々木　恵太）

[資料]　資質・能力育成のプロセス（20 時間扱い）

| 次 | 時 | 評価規準 | 【　】内は評価方法 及び Cと判断する状況への手立て |
|---|---|---|---|
| 1 | 1 — 3 | 知　材料や加工の特性等の原理・法則と，材料の製造・加工方法等の基礎的な技術の仕組みを説明できる。（○◎）<br><br>思　材料と加工の技術に込められた問題解決の工夫について考えることができる。（○◎）<br><br>態　進んで材料と加工の技術と関わり，自分から材料や加工方法の特性，材料や目的に合わせた加工方法について理解しようとしている。（○◎） | 【ワークシートの記述の確認・分析】<br>C：教科書やワークシート等を振り返らせながら，学習した内容などを確認させる。<br>【ワークシートの記述の確認・分析】<br>C：使用する場面等をイメージさせながら，各技術の工夫の目的について考えさせる。<br>【行動の観察】【ワークシートの記述の確認】<br>C：これまでの学習を振り返ったり，仲間の考えを確認させたりする。 |
| 2 | 4 — 5 | 思　生活の中から材料と加工の技術に関わる問題を見いだして課題を設定することができる。（○◎） | 【ワークシートの記述の確認・分析】<br>C：仲間の考え等を確認させることで，解決すべき問題が何かを気付けるようにする。 |
| | 6 — 9 | 思　材料の選択や成形の方法等を構想して設計を具体化することができる。（○◎）<br><br>知　製作に必要な図をかき表すことができる。（○◎）<br><br>態　自分の設定した課題に合わせて，解決策を構想しようとしている。（○◎） | 【ワークシートの記述の確認・分析】<br>C：製作例を参考にさせながら，必要な作業を検討させる。<br>【ワークシートの記述の確認・分析】<br>C：例や教科書を確認させ，図のかき方の復習を行う。<br>【行動の観察】【ワークシートの記述の確認・分析】<br>C：仲間の考えなども確認させながら，問題を解決するために必要なことを整理させる。 |
| | 10 — 16 | 知　安全・適切な製作や検査や点検等ができる。（○◎）<br><br>態　課題解決の過程を振り返り，よりよいものとなるように作業を改善・修正しようとしている。（○） | 【作業の観察・分析】<br>C：これまでの学習を振り返ったり，仲間が学んだことをどう生かしているかを確認させたりする。<br>【作業の観察】【記録表の記述の確認】<br>C：ワークシートや計画表を見直し，課題を解決するために必要なことを考えさせる。 |
| | 17 | 思　課題の解決結果を評価し，計画や解決の過程の改善及び修正を考えることができる。（◎）<br><br>態　課題解決の過程を振り返り，よりよいものとなるように改善・修正しようとしている。（○◎） | 【ワークシートの記述の分析】<br>C：他者からもらった意見も参考にさせ，改善・修正が必要な部分に気付かせる。<br>【行動の観察】【ワークシートの記述の分析】<br>C：ワークシートや計画表を見直し，課題を解決するために必要だったことを考えさせる。 |
| 3 | 18 — 20 | 知　生活や社会，環境との関わりを踏まえて，材料と加工の技術の概念について説明できる。（○◎）<br><br>思　よりよい生活の構築に向けて，材料と加工の技術を評価し，適切な選択のあり方を考えている。（○◎）<br><br>態　よりよい生活の実現に向けて，材料と加工の技術を工夫し創造しようとしている。（○◎） | 【ワークシートの記述の確認・分析】<br>C：ワークシートや振り返りを見直させることで，技術に関わる様々な視点のつながりについて気付かせる。<br>【ワークシートの記述の確認・分析】<br>C：現状の問題やこれまでの活動を振り返らせ，技術を複数の視点から考えさせる。<br>【行動の観察】【ワークシートの記述の確認・分析】<br>C：解決すべき問題について気付けるようにこれまでの学習を振り返らせる。 |

| 主たる学習活動 | 指導上の留意点 | 時 |
|---|---|---|
| ・3年間の技術分野の学びについて見通しをもつ。<br>・学習プランを活用し，本題材の見通しをもつ。<br>・身の回りの製品や教室にある机といすの観察を行い，各材料の特徴や問題を解決するための開発者の工夫について考える。<br>・「既存の技術の理解」について学びの振り返りに記入する。 | ・身に付けてほしい資質・能力を確認する。<br>・開発者が，なぜそのような材料の使い方や加工方法を選択したのかを，消費者が実際に使用するときのことを踏まえて考えさせる。<br>・もし他の材料を使用した製品があった場合，どのような違いが生じるか，比較しながら考えさせる。<br>・開発者が大切にしている視点を，キーワードを挙げながら整理させ，自身の問題解決に生かせるようにする。 | 1<br>⎪<br>3 |
| 【課題】<br>木材を活用したDIYで収納の悩みを解決しよう！<br>・条件を確認し，各自家の中で起きている問題を見つけ，そこから今回取り組む課題を設定する。<br>・「問題の発見・課題の設定」について学びの振り返りに記入する。 | ・使用できる材料や工具など，条件を丁寧に確認する。<br>・付箋を活用し，問題解決の優先順位等を検討させることで，解決すべき問題を具体的に考えられるようにする。 | 4<br>⎪<br>5 |
| ・製品モデルを参考に，課題を解決するための製品の構想を練る。<br>・計画の共有を行い，改善・修正が必要な点について考える。<br>・製品の設計図を作成する。<br>・「設計・計画」について学びの振り返りに記入する。 | ・具体的にどのようなことを行えば問題の解決につながるか，様々な要素を関連付けながら考えさせる。<br>・より具体的なイメージがもてるよう，製品のモデルを準備し，そこから目的に合った変更を考えていく。<br>・振り返りシートに，設定した課題を解決するために行ったこと，悩んだり困ったりしたことをどう解決しようとしたかを記入させる。 | 6<br>⎪<br>9 |
| ・課題を解決する製品の製作を行う。<br>　（材料取り，切断，部品加工，接合，仕上げ）<br>・行った作業などをデジタル記録表に記録する。<br>・活動の中で出てきた問題を共有し，計画の改善・修正や今後の見通しを立てる。 | ・工具の使用方法を説明した動画を共有のフォルダに入れ，いつでも確認できるようにする。<br>・記録表には写真を活用してわかりやすく記録させたり，活動の中で出てきた問題をどのように解決したか記録させたりする。<br>・状況に応じて，新たに起こった問題とその改善策を班やクラスで確認する。 | 10<br>⎪<br>16 |
| ・完成した製品を実際に使用し，デジタル記録表なども参考にしながら，課題解決に向けた活動の振り返りを行い，自分の立てた計画の改善・修正点がないか考える。<br>・「成果の評価」について学びの振り返りに記入する。 | ・記録表を見直しながら考えることで，生産者の立場に立った提案も考えられるようにする。<br>・お互いの計画表などを確認して改善が必要な部分を共有したり，成果が得られた人の活動から情報を得たりすることで，より具体的な改善案が考えられるようにする。<br>・振り返りシートに，活動の過程で自分が大切にしたことや今後に向けた改善点を記入させ，自分の成長と改善が必要なところを自覚させる。 | 17 |
| ・これまでの活動を振り返り，材料と加工の技術を活用する上で大切な視点や現状の技術の問題点について考える。<br>・最新の材料と加工の技術を複数の視点から評価し，条件に合った最適な技術の選択について検討する。<br>・これからの材料と加工の技術のあり方について考える。<br>・「次の問題の解決の視点」について学びの振り返りに記入する。<br>・題材全体について自己評価を行う。 | ・振り返りシートや授業で使用したワークシートを見直し，ウェビングマップを活用しながら大切なポイントを関連付けながら考えられるようにする。<br>・技術を多面的・多角的に評価できるように，レーダーチャートを活用しながら最新技術のメリット・デメリットを考える。 | 18<br>⎪<br>20 |

# 技術・家庭科【家庭分野】

実践例①

## 1　本校技術・家庭科（家庭分野）が考える「生きて働く［知識・技能］を育む指導と評価」

### （1）授業デザインの工夫

一度学習しただけでは日常で生かせる知識や技能を定着させることは難しいため，様々な場面で繰り返し活用することで，それらを定着させることができると考える。そのために，意図的に授業のデザインを行っている。例えば，調理実習ごとに献立作成を行わせたり，商品を選択する際には，常に意思決定のプロセスやエシカル消費について意識させたりするなど，様々な分野において学習がつながるようにしている。また，布を用いた製作の際には，Teamsに手縫いのやり方やミシンの使い方についての動画をアップロードしておき，いつでも自分の見たいタイミングで確認できるようにしている。

### （2）学習プランの共有

題材のはじめや毎時間の授業において，題材を通して育成したい資質・能力や学習の流れ，評価場面等を，学習プランを用いて生徒と共有している。そうすることで，それまでの学習を振り返って次の活動に見通しをもち，課題を意識して学習に取り組むことができる（**図1**）。

### （3）主体的に知識や技能を習得する工夫

ジグソー法で情報収集を行ったり，思考ツールを用いて情報を整理したり，複数ある選択肢のメリットやデメリットを整理させたりすることで，学んだ知識を自分の生活に合わせて選択できるように工夫している。例えば消費生活の学習では，支払い方法を整理することで，購入するものや状況に応じて支払い方法を選択することができた（**図2**）。また，ジグソー法では，何を伝えたらよいかキーワードを考えさせ，要点を絞って発表することで，相手意識をもって学習に取り組めるようにもなる。

### （4）実践的・体験的な活動

よりよい生活の実現に向けて，実践的に考える場面や実際に体験することを大切にしている。例えば，消

学習プラン「未来へつながる消費生活について考えよう」

1．題材を通して身に付けてほしい資質・能力

| 知識・技能 | 思考・判断・表現 | 主体的に学習に取り組む態度 |
|---|---|---|
| 計画的な金銭管理の必要性や売買契約の仕組み、消費者被害の背景とその対応について理解し、選択に必要な情報の収集・整理が適切にできる。<br>消費者の基本的な権利と責任、自分や家族の消費生活が環境や社会に及ぼす影響について理解している。 | 消費生活と環境ついて問題を見出だして課題を設定し、解決策を構想し、実践を評価・改善し、考察したことを論理的に表現するなどして課題を解決する力を身に付けている。 | 家族や地域の人々と協働し、よりよい生活の実現に向けて、消費生活と環境について、課題の解決に主体的に取り組んだり、振り返って改善したりして、生活を工夫し創造し、実践しようとしている。 |

2．「自分にとってのよりよい消費生活を考え、実践できることを考えよう。」を解決する学習の見通し

| 時間 | 学習過程 | 学習内容 | 学習のポイント |
|---|---|---|---|
| 1 | 生活の課題発見 | ・自分の消費生活について、振り返る。<br>・契約について確認する。 | ・消費生活と環境について、問題を見いだして課題を設定しよう。<br>・売買契約の仕組みについて理解しよう。 |
| 2<br>3<br>4 | 解決の方法の検討と計画 | ・様々な購入方法や支払い方法について理解する。<br>・消費者トラブルとその対応について考える。<br>・エシカル消費について考える。 | ・消費者被害の背景とその対応について理解し、選択に必要な情報の収集・整理をしよう。<br>・消費生活と環境について、課題解決に向けた一連の活動を振り返って改善しよう。<br>・消費生活と環境について、実践に向けた計画を考え、工夫しよう。 |
| 5 | 課題解決に向けた実践活動 | ・仮の家族で購入計画を検討し、それぞれの家族の選択を共有する。 | ・消費者の基本的な権利と責任、自分や家族の消費生活が環境や社会に及ぼす影響について理解しよう。（☆知：ワークシート）<br>・消費生活と環境について、実践を評価・改善しよう。（☆思：ワークシート） |
| 6 | 実践活動の評価・改善 | ・自分なりの「よりよい消費生活」についてまとめる。<br>・今の自分にできることは何か、具体的に考える。 | ・よりよい生活の実現に向けて、消費生活と環境について、工夫し創造し、実践しようとしている。（☆態：課題解決のワークシート）<br>・消費生活と環境についての課題解決に向けた一連の活動について、考察したことを根拠や理由を明確にして説明したり、発表したりしている。（☆思：課題解決のワークシート） |

（☆記録として残す評価の内容）

図1　学習プラン

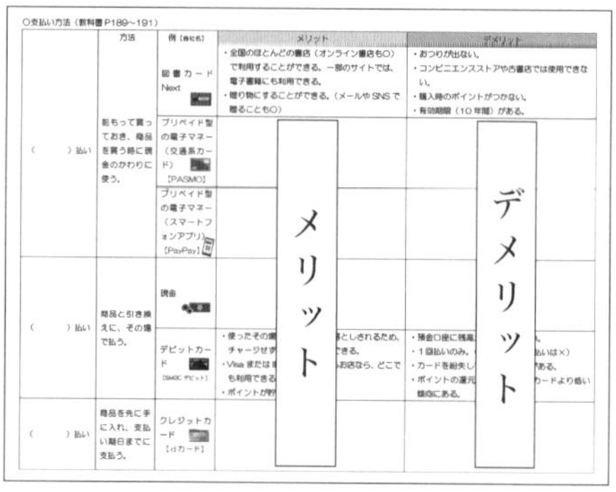


図2　消費生活のワークシート

費者トラブルとその対応について考える学習では，クーリ
ングオフや消費者の権利と責任について理解した後，悪質
業者と賢い消費者になってロール・プレイングを行う。そ
うすることで，活動を通して，理解を深めることができ
る。また，浴衣の着付けや住生活の学習では，大学の先生
に浴衣や畳を貸していただくことで，実際のものに触れる
経験をすることができる。畳のワークショップでは，畳の
手入れや床座の生活を体験したり，様々な種類の畳に触れ

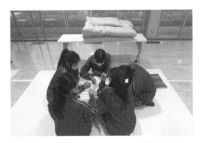

図3　床座の生活体験

たりすることで，前時に学習した知識が自分の経験として語れるものになった（**図3**）。

## 2　知識・技能を生きて働かせる指導と評価の実際

　知識・技能は他の観点と切り離して考えるのでは
なく，思考・判断・表現と関連付けて評価すること
が求められている。例えば住生活の学習では，まと
めの前時の授業で，これまで獲得した知識や技能を
活用して，こちらで設定した家族の「よりよい住ま
い方」を考える活動を行う。班ごとに考えて共有す
ることで，次時のまとめで行う自分や家族にとって
の「よりよい住まい方」について考える場面にもつ
ながっていく。また，布を用いた製作を行う際は，
ICTを用いて活動の記録を行っている（**図4**）。毎
時間の製作における成果や課題を記録したり，作品
の製作過程を写真に撮ったりすることで，活動目標
を立てたり，課題を解決したりする際に役立てるこ
とができる。知識や技能を働かせることで，思考を
深めることができたといえる。

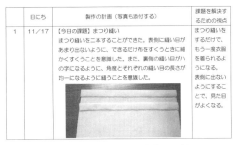

図4　ICTを用いた活動の記録

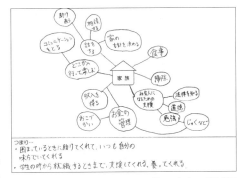

図5　「おおむね満足できる」状況（B）の記述例

　評価については，どのように知識を関連付けたり，
組み合わせたりして解決を図っているかなどを，記
述から見取るようにしている。また，製作品は，獲得
した知識や技能が用いられているか，用具を安全に
取り扱っているかなどを，製作過程や作品そのものから見取るようにしている。例えば，家族・家
庭の基本的な機能について，題材の最後に学習したことをマッピングし，「家族とは」についてま
とめた記述を知識・技能で評価した（**図5**）。

## 3　実践の成果と今後への課題

　様々な方法で知識や技能を獲得させることで，生徒は課題の解決に生かすことができていた。
一方で，質的な評価の方法や評価の焦点化については，今後も追究していくことが大切であると
考える。これからも「よりよい生活」の実現に向けて，生徒が生活を工夫し創造できるための知
識や技能を育めるように，指導と評価の工夫を行っていきたい。

# 技術・家庭科【家庭分野】実践例①

## 1 題材を通じて実現を目指す「学びに向かう力」が高まっている生徒の姿

　家庭分野の見方・考え方を働かせながら，自分や家族にとっての「よりよい食生活」について考え，実践しようとする姿。

## 2 題材について

　本題材は，『学習指導要領』「Ｂ衣食住の生活」の（3）に当たり，用途に応じた食品の選択や食品の安全と衛生に留意した管理について学習する内容である。

　私たちは日々，食品の選択を繰り返しながら生活をしている。中学生は食べたいものを自ら選択して購入する機会も増えてくる時期であるが，生鮮食品や加工食品，食品の背景，環境や社会に与える影響など多岐にわたる選択肢について，考えて意思決定できていないように見受けられる。生徒には，このような課題を自分のこととして捉え，家族の一員として自分にできることを広い視野で考え，実践できる力を身に付けさせたい。そこで，本題材では「自分や家族にとって，食品の選択の視点からよりよい食生活を考えよう。」という課題を軸に，授業を進めていく。自分の課題を解決するための方法や取組，工夫を様々な視点から書き溜めていくことで，「よりよい食生活」を考え，実践できる力を育成していきたい。

## 3 「指導と評価の一体化」を目指した観点別学習状況のあり方

### （1）「知識・技能」の指導と評価

　生鮮食品と加工食品の表示を比較したり分類したりすることで情報を整理し，特徴を理解できるようにする。また，○○家のよりよい食生活を考え，食品の選択と保存，調理を実践す

る際には，なぜそうしたらよいのかという理由が分かり，根拠を持って説明できるようにする。評価は，「○○家のよりよい食生活」を考える際，なぜその食品を選択したのか，なぜその保存方法にしたのかについて，これまでの学習を踏まえて根拠をもって説明できているか，ワークシートの記述を見取るようにする。

### （2）「思考・判断・表現」の指導と評価

　見方・考え方をレーダーチャートの視点として設定し，自分の生活を振り返って課題を見つけ，自分や家族にとって「よりよい食生活」とは何かを考えながら，見通しをもって自分の課題が解決できるような題材構成にしている。自分の生活に結び付けて考えたり，仲間と考えを共有したりする学習を通して，自分や家族，社会，環境のために何ができるかについて考え，実践につなげられるようにしていきたい。学習の最後に，自分が立てた課題について，どのような解決方法を見いだしたか，具体的に実践していきたいことについてまとめて相互評価を行い，ブラッシュアップした記述から見取るようにする。

### （3）「主体的に学習に取り組む態度」の指導と評価

　思考の変容が可視化されるように，どの題材においても一枚式のワークシートを使用している。「よりよい食生活」のヒントになること，自分の課題を解決するために必要だと思うことを具体化できるようにするために，見方・考え方の4つの視点でワークシートに書き溜めさせ，毎回の授業で共有する時間を設けるようにする。教師はよい視点に線を引いたり，アドバイスが必要な場合はコメントを書いたりして，生徒が粘り強く取り組み，学習の調整ができるようにする。「よりよい食生活」について，学習のはじめと終わりに

記述させ，変容から見取るようにする。

## 4　授業の構想

　授業のはじめに，「よりよい食生活」とは何かを考え，「食品の選択」の視点で生活を振り返って個人の課題を設定する。これまでの学習を振り返り，学習がつながるように考えさせていきたい。

　第2時では，ミートソースの材料から，生鮮食品と加工食品の情報を整理し，特徴を理解する。生鮮食品は外国産や県外産，横浜産，加工食品はレトルト食品や冷凍食品などの複数の表示や冬休みの課題の経験から，4人班で分担して特徴を挙げさせ，付箋を用いて「食品を選択する際に考える視点」から整理していく。その後，JAの方や企業の方のインタビュー動画から，それぞれの思いや実態を理解させて大切にしたい視点を共有し，仮の家族の選択のヒントにさせる。

　第3時で，ミートソースを作るために買った材料や余ったミートソースをどのように保存するのか考えた後，仮の家族が夕食にミートソースを食べるとしたら，どのような食品を選ぶのか考える。仮の家族は，アレルギーのある妹，年の離れた弟，共働きの両親と祖母が暮らす家族をそれぞれ設定し（図1），の家族ごとにどのような食生活にしたいか，テーマを決めていく。そうすることで，家族や生活スタイル，その日の状況によって選択するものが変わることを体感させたい。4人班では家族の役割を分担し，担当した家族に

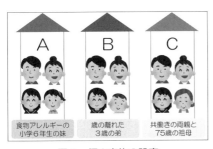

図1　仮の家族の設定

図2　ワークシート

なりきって考えさせていく。はじめに自分で考えることで「とりあえず決定」，家族で相談することで「決定の見直し」を行い，家族で「決定」していくことで，意思決定のプロセスに沿って考えていく練習をする（図2）。ここで考えることが，第5時から行う「○○家のよりよい食生活を考え，食品の選択と保存，調理を実践しよう。」の課題解決の手立てや根拠となるようにしていきたい。

　第5時からは，仮の家族の時のように，それぞれがテーマを設定し，「○○家の食品の選択と保存」について考えていく。生鮮食品である肉と加工食品を材料として主菜の献立を考え，どのような食品を選ぶのかまとめる。その際，PowerPointを用いて班で共有することを通して，食品を選択した根拠をより明確に考えられるようにする。

　家庭で実践してきたことを共有した後，題材のまとめに入っていく。これまでの学習を踏まえて，学習前と学習後で考えの変容が見られたり，自分の課題が解決できたりするように，学習を進めていきたい。　（池岡　有紀）

[資料]　資質・能力育成のプロセス（7時間扱い）

| 次 | 時 | 評価規準 | 【　】内は評価方法 及び Cと判断する状況への手立て |
|---|---|---|---|
| 1 | 1 | 思　食品の選択・購入と保存について，問題を見いだして課題を設定している。（○）<br><br>態　食品の選択・購入と保存について，課題の解決に主体的に取り組もうとしている。（○） | 【ワークシートの記述の確認】<br>C：自分の生活を振り返らせ，自分が取り組めていない視点を基に課題を設定するように促す。<br>【発言の確認】【行動の観察】<br>C：自分の課題の解決に向けて，どのような力を身に付けるべきかを考えさせる。 |
| | 2<br>｜<br>4 | 知　日常生活と関連付け，用途に応じた食品の選択や食品の安全と衛生に留意した管理について理解している。（○）<br>思　食品の選択・購入と保存について，実践に向けた計画を考え，工夫している。（○）<br><br>態　食品の選択・購入と保存について，課題解決に向けた一連の活動を振り返って改善しようとしている。（○） | 【ワークシートの記述の確認】<br>C：安心できる点や不安がある点など，複数の視点から整理するように促す。<br>【ワークシートの記述の確認】<br>C：仮の家族にとっての「よりよい食生活」はどのようなことなのか，考えさせる。<br>【ワークシートの記述の確認】<br>C：よりよい食生活にするためのヒントを整理して記入するように促す。 |
| | 5<br>｜<br>6 | 知　日常生活と関連付け，用途に応じた食品の選択について理解し，適切にできる。（○◎）<br>知　食品の安全と衛生に留意した管理について理解し，適切にできる。（○◎）<br>思　食品の選択・購入と保存について，実践を評価・改善している。（○） | 【ワークシートの記述の確認・分析】<br>C：家庭で大切にしたい視点を考えさせる。<br>【ワークシートの記述の確認】<br>C：食品に合った保存方法であるか確認させる。<br>【ワークシートの記述の確認】<br>C：自分の家族にとって，食品の選択の際に大切にしたい視点はどのようなことなのかを考えさせる。 |
| | 7 | 態　よりよい生活の実現に向けて，食品の選択・購入と保存について，工夫し創造し，実践しようとしている。（○◎）<br><br>思　食品の選択・購入と保存についての課題解決に向けた一連の活動について，考察したことを根拠や理由を明確にして説明したり，発表したりしている。（○◎） | 【ワークシートの記述の確認・分析】<br>C：これまで積み重ねてきた学習を振り返り，自分の生活に生かせそうな視点がないか，考えさせる。<br>【ワークシートの記述の確認・分析】<br>C：今までの学習を踏まえて，自分の考えを具体的に記入するように促す。 |

| 主たる学習活動 | 指導上の留意点 | 時 |
|---|---|---|
| ・学習プランを用いて，本題材の見通しをもつ。<br>【貫く課題】自分や家族にとって，食品の選択の視点からよりよい食生活を考えよう。<br>・「よりよい食生活」とは何か，学習前の考えをワークシートに記入する。<br>・今の自分の食生活について振り返り，自分の課題を設定する。<br><br>・意思決定のプロセスを復習する。<br>・冬休みの課題であったミートソーススパゲッティを作った際，どのような手順で行ったか，どのような食材が必要であったか考える。 | ・学習プランを示し，学習の流れと身に付けたい資質・能力を確認させ，見通しをもたせる。<br>・学習前の時点で考える「よりよい食生活」について，中学生の栄養や衣服の選択での学習を思い出しながら，食品を選択する際に大事にしたい視点を3つ挙げて，具体を記入させる。<br>・見方・考え方である4つの視点を考えて生活ができているか，今の自分を振り返り，一枚式のワークシートに記入させる。<br>・衣服の選択の学習や肉の調理の実践として行った冬休みの課題を振り返り，食品の選択と購入の手順を確認させる。<br>・ミートソースの材料を生鮮食品と加工食品で分けて，大まかな特徴を捉えさせる。 | 1 |
| ・ミートソースの材料から，生鮮食品と加工食品の情報を整理し，特徴を理解する。<br>・ミートソースを作るために買った材料や余ったミートソースを，どのように保存するのか考える。<br><br><br><br>・仮の家族が夕食にミートソースを食べるとしたら，どのような食品を選ぶのか考える。 | ・生鮮食品は外国産や県外産，横浜産，加工食品はレトルト食品や冷凍食品などの複数の表示や冬休みの課題の経験から特徴を挙げさせ，付箋を用いて「食品を選択する際に考える視点」から整理させる。<br>・JAの方や企業の方のインタビュー動画から，それぞれの思いや実態を理解させて大切にしたい視点を共有し，選択のヒントにさせる。<br>・意思決定のプロセスに沿って選択を行い，次時の課題解決の手立てや根拠となるようにする。 | 2<br>\|<br>4 |
| 【課題】○○家のよりよい食生活を考え，食品の選択と保存，調理を実践しよう。<br>・自分の家族で食品を選択する際にどのようなことを大切にするのか，テーマを決める。<br>・生鮮食品である肉と加工食品を材料として主菜の献立を考え，どのような食品を選ぶのかまとめる。<br>・選択した根拠を共有し，知識や技能を再構築する。 | ・ミートソースを題材に考えたことを参考にして，自分の家族の食生活を考えるように促す。<br>・次の時間までに実際にスーパーなどに出向いて，実際の食品を確認してくるように伝える。<br>・共有する際にはPowerPointを使用し，写真を入れて整理できるようにする。<br>・根拠が明確になっているか，PowerPointのコメント機能を用いて，アドバイスをさせる。 | 5<br>\|<br>6 |
| ・家庭で実践してきたことを共有する。<br><br>・学習を終えて，改めてレーダーチャートに記入し，学習を通して考えた「よりよい食生活」をまとめる。<br>・自分が立てた課題についてどのような解決方法を見いだしたか，「よりよい食生活」にするために何ができるかについて記入する。<br><br>・班で相互評価を行い，自分の記述を見直して，考えをまとめる。 | ・販売店の価格や商品は日々変わっていくため，想定していたことと違っていたことや変更したことなどを含めて，実践報告をさせる。<br>・今後どのようなことを意識していきたいかを踏まえて，レーダーチャートに記入させる。<br>・改めて，今まで書き溜めてきた記述を見返し，自分の考えをまとめさせる。「よりよい食生活」は，食品を選択する際に大事にしたい視点を3つ挙げさせ，変容が見られるようにする。<br>・学習を踏まえた視点が入っているか，実践内容が具体的かなどについて確認するよう促す。<br>・「よりよい食生活」にするために行動することが，「よりよい生活」にもつながっていくことを生徒に気付かせる。 | 7 |

実践例①〜③

# 英語科

## 1　本校英語科が考える「生きて働く［知識・技能］」

　本校英語科では，「知識及び技能」において，実際のコミュニケーションに近い目的や場面，状況を設定し，その中で，生徒がこれまでに身に付けた知識を活用することを目指している。

　［知識・技能］としては，帯活動やパターンプラクティスを通して音声や語彙，表現，文法，言語の働きを理解させ，それを定着させるためにロールプレイで即興的な練習場面を体験させたり，教師が設定した話題について話したり書いたりする取組を行っている。その上で，本校英語科では，「生きて働く［知識・技能］」とは「単元末に行うパフォーマンス課題の中で，これまでに学習してきた音声や語彙，表現などを，目的や場面，状況に合わせて選択し活用できること」と考えた。しかし，［思考・判断・表現］に関わる活動は教師が設定した目的や場面，状況に適する表現を，生徒自身が単元で学習した表現を含めた既習表現の中から選択し，活用することが求められており，単元で学習した表現を指定して行うものではないため，単元で学習した表現を使う必然性がある学習課題の設定を行うことが大切になってくる。

## 2　［知識・技能］を生きて働かせる工夫

### （1）継続的に取り組むインプット活動

　自己表現の質の向上を図るために，本校ではより質の高いインプット活動を行うことを意識している。「読むこと」や「聞くこと」を帯活動として取り入れることで，既習表現を再度確認したり，新聞記事やニュースといった時事的な教材を扱い触れる表現の幅を広げたりすることができる。また，絵本や物語を扱い，知っている語や前後の文脈から話を推測しながら英文を読む活動も行っている。2学年では，Oxford Reading Tree（図1）を活用し，前半の物語を全体で共有した

図1　Oxford Reading Tree を活用した読む活動

後に，残りの物語のページをバラバラにしたカードを配付し，イラストと文章を基に班で協力しながらカードを並べ替える活動を行った。イラストだけでなく文章を載せることで，文脈を確認し，物語の流れを推測しながら考えられるようにした。また活動の中では，これまでに学習した文と文をつなぐ接続詞や動詞の時制を意識して，班で話し合いながら楽しんで英文に触れ，学習を進める様子が見られた。

### （2）系統立てて行う自己表現活動

　音声や語彙，表現，文法は帯活動に取り入れ何度も繰り返し練習する。また，スモールステッ

プを意識し，似たような活動に少しずつ発展的な内容を加えて定期的に繰り返し，生徒が安心して活動に取り組んだり，活動の中で達成感を感じたりできるようにする。具体例としては，１学年で取り組んでいる「書くこと」の帯活動が挙げられる（**図２**）。３人称単数現在形を学習した後，趣味や家族，好きな季節など，生徒の興味のある内容について，３分間で英文を書く活動を行った。主語と動詞の形を意識し，他者を紹介する文章が書けているかをポイントとし，１回目は教師が添削し，２回目以降は教師のモデルを基に生徒同士で添削し，英文を確認し合えるようにした。回を重ねるごとに，３人称単数現在形の理解が深まるとともに，文と文のつながりを意識して英文を書くことができるようになってきた。

1年　ライティングエラーコレクション

1．英文を書く際に，自分は，どのようなミスが多かったかをチェックし，改善していきましょう。
2．英文を書いた後に，2人組で，間違いを訂正していきましょう。その間違いにはどんな間違いが多いか確認しよう。

| | | o | S | V | t | sp | # | adj | adv | prep | art | conj | p | 感想 |
|---|---|---|---|---|---|---|---|---|---|---|---|---|---|---|
| | 日付 | 単語・文の挿入 | 主語 | 動詞 | 時制 | スペリング | 単数・複数 | 形容詞 | 副詞 | 前置詞 | 冠詞 | 接続詞 | 句読点 | |
| 第1回 | / | 個 | 個 | 個 | 個 | 個 | 個 | 個 | 個 | 個 | 個 | 個 | 個 | |
| 第2回 | / | 個 | 個 | 個 | 個 | 個 | 個 | 個 | 個 | 個 | 個 | 個 | 個 | |
| 第3回 | / | 個 | 個 | 個 | 個 | 個 | 個 | 個 | 個 | 個 | 個 | 個 | 個 | |
| 第4回 | / | | | | | | | | | | | | | |

図２　書くことの帯活動で使用したワークシート

### （３）学習の調整を促す振り返り

学習プランに示したルーブリックを基に，パフォーマンス課題に向けた取組の中で，［知識・技能］に関連して学習した表現を振り返りとして記録させる。それに加え，学習した表現をどのような場面で使用できたか，今後どのように活用したいかを積み重ねる。紙を用いての振り返りも可能であるが，Class Notebook を利用し，活動の様子を記録した動画やワークシートの写真とともに蓄積することで，学習の状況を容易に確認することができる（**図３**）。

| 振り返り | 次回のやり取りに向けて使いたい表現 |
|---|---|
| 今日は比較表現や経験だけではなく自分が思うそれの短所についてをmustを使って伝えることができた。このように、比較表現や経験だけではなく、これまでの知識を使うことによって、自分の意見がより具体化されると思う。 | ・比較表現（今回あまり使えなかったため）<br>・体験（自分や周りの人が体験したことがあるならば）<br>・その他過去に習ったものなど |
| 経験でこれからいうことの信ぴょう性を高めてから、比較表現を使うことによって、より根拠になるのではないかと思った。また、最上級の時に動詞の後にtheを付けるのをわすれてしまうことがあるので気を付けたいと思う。 | あまりメモを普段からしないので、英語でメモを書くときにどのくらい書けばいいのかを考える。また、今回も現在完了があまり使えなかったので、比較表現から現在完了形という順番で書けるようにしたいと思う。 |

図３　Class Notebook を活用した振り返り

## ３　実践の成果と今後への課題

今年度は，アウトプット活動を設定する前に，帯活動等の工夫でインプット活動を充実させることを意識した。それによって，表現の使い方をより理解した上で自ら使用することができ，自己表現の幅の広がりと質の高まりを図ることができた。また，パフォーマンス課題の中で生きて働く［知識・技能］を評価していくことが重要であるが，その一方［思考・判断・表現］の活動の中での［知識・技能］を評価する際の評価基準（ルーブリック）の表記の仕方や文言には課題があると感じた。生徒にとってわかりやすく，教師の負担を減らすことができるように，文言等を整理・検討していきたい。

## 英語科実践例①

### 1 単元を通じて実現を目指す「学びに向かう力」が高まっている生徒の姿

　交換留学で附属横浜中学校に訪れる３人の留学生の要望と天気予報から，必要な情報を聞き取り，条件に合った週末の予定を提案している姿。

### 2 単元について

　本単元では，「聞くこと」の指導に焦点を当てている。学習指導要領の目標「聞くこと」ア「はっきりと話されれば，日常的な話題について，必要な情報を聞き取ることができるようにする」，イ「はっきりと話されれば，日常的な話題について話の概要を捉えることができるようにする」の両方を目指す。天気予報など日常的に耳にする内容を実際に英語で聞き取ることによって，その概要をつかみ，そこから発信へとつなげさせていく。

### 3 「指導と評価の一体化」を目指した観点別学習状況のあり方

#### （1）「知識・技能」の指導と評価

　教科書の文章や例文から既習表現である現在形と未来表現の違いに気付かせる中で，教科書全体の概要を写真やイラストを用いてリスニングを３ラウンド行い，話の概要についてメモをし，理解させる。留学生からの要望，天気予報，そしてそれを聞き取った内容の正しい情報を記入できているかについてForms を使って確認し，そこで正しく必要な情報が聞き取れているかを評価する。またその後のパフォーマンス課題の部分を充実させて表現できているかを，即興的に英語で話すことにつなげ，評価していく。

#### （2）「思考・判断・表現」の指導と評価

　学習課題では，生徒に自身の現状を把握させるために，ヒントや読み方は示さず，そのま

まの内容を聞かせる。その後，すべての情報を聞くのではなく，必要な情報を正確に素早く捉えるためにはどうしたらよいのか，概要を捉えるために必要なことは何なのかという視点で，よりよい聞き方を考えさせる。聞く際の工夫の一つとして，トピックに関係性のある単語やフレーズなどお助け項目を示し，それについて正しく聞き取れているか，概要を捉える視点として，話し手が述べていることの大まかな内容が捉えられているかに注目する。話し手には，話す行為で一体何をメッセージとして伝えたいのか，またそこから，聞き手にどのようにしてほしいのかを意識させる。また，知識・技能と同様に，パフォーマンステストにおいて聞き取れた内容から，どうしてそのような提案をしたのかについて具体的に記入できているかを評価していく。

#### （3）「主体的に学習に取り組む態度」の指導と評価

　英文を聞くことに対して苦手意識がある生徒も安心して学習課題に臨めるように，学習課題の初めに，「E-navi（秀学社）」で音のつながりを再確認する。そして，班や学級全体で音のつながりを共有し，どのような場面で音がリンクして聞こえるのかについて意見を共有し，再度音声を聞いてみることで，英文の概要についてイメージをもつことができるようにする。学習課題はフローチャートを活用して，少しずつ自身でまとめる形式やキーワードを中心に聞いて取り組めるようにする。評価については，自らの学習を捉え，改善を図ろうとしている姿を，ワークシートの記述から評価していく。

### 4 授業の構想

　これまで「聞くこと」の活動として，年度

当初フォニックス指導に取り組み，Microsoft Office Word のレコーディング機能を利用した自分の発音と文字の一致，音声と「聞くこと」，「読むこと」を段階的に行なってきた。また，ラストセンテンス・ディクテーション（教科書本文にある英文を聞き，教師が読み終えた最後の1文の英文を書き取る活動）などの活動を実際に行ってきた。

教科書の Listen! には，大切な内容が多く含まれており，場面・状況など全体の内容を表すトピックを捉えることができる。そこで学習した成果は，定期テストで確認した。

| 1 | I am not a very good dancer. |
| 2 | She is a good teacher. |
| 3 | She teaches it at school. |
| 4 | Every student has a different schedule. |

**図1　ラストセンテンス・ディクテーションの例**

帯活動の一環として，「どうして聞き取れないか」，「リダクション」，「機能語と内容語」，「リエゾン」などの活動について教科書の LSD（ラストセンテンス・ディクテーション）に取り組んできた。更に，聞き取った内容を，4人組で確認する活動を行った。

本単元では，ある程度まとまった文量の英文を聞く機会を複数回に渡って設定し，聞くこ

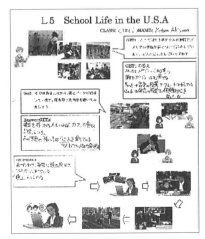

**図2　教科書全体把握の例**

との力を高めてきた。更に，「聞くこと」，「読むこと」，「書くこと」や「話すこと」を往還しながら，ただ聞くだけでなく，その内容を他者へ伝えたり，内容についてより深く考えたり，発信・熟考していくことにつなげていく。

1時間目は，未来表現について学んだ後に学習プランから聞き取りの能力を上げるための学びの見通しをもたせた。

2時間目は，まず聞くことの知識・技能を測るために，ALT の要望をリスニングする。次に天気予報をリスニングし，そこで必要な情報を聞き取ることができているかを Forms に解答させる。更に，ワークシートを使用し，ALT の要望にどのようなプランを考えたのか，またその理由を，ワークシートに整理させる。

3時間目は，前時から更に発展させ，3人の留学生の要望と天気予報をリスニングし，そのキーワードとなる言葉を Forms に解答する。留学生に提案するプランとその理由をワークシートに記入させる。また，TPC を使い，今までストックしてきた聞く力を知るワークシートを見返し，これまでに自分にどのような聞く力がついてきたのかを確認する。4人組やクラスで必要な情報を聞き取るためにはどのようなことに気を付け，そして実践していくのかを共有する。その中で，新たに気付いたことは色を変えて記入させる。そうすることで生徒自らが学習を調整しているかどうかを確認する。

4時間目は，ワークシートで書き取った内容のキーワードを基に，他者に自分が選んだ予定を説明する活動を行う。また，次に同じような課題に対して，どのように取り組んでいくかを具体的に記入させることで，今回の振り返りと次の学びへの見通しをもたせる。

気付いたことを即興的な意見や発表などに生かしていけるように周囲と協力し，課題解決に向けて粘り強く取り組む姿勢を育む指導へとつなげていく。　　　　　（齊藤　大行）

[資料]　資質・能力育成のプロセス（4時間扱い）

| 次 | 時 | 評価規準 | 【　】内は評価方法<br>及び<br>Cと判断する状況への手立て |
|---|---|---|---|
| 1 | 1 | 知　be going to〜やwill を用いた未来を表す表現の意味や働きについて理解している。（○） | 【発言・ワークシートの確認】<br>C：帯活動の「天気予報で使用される表現」をもう一度確認させる。 |
| | 2 | 知　be going to〜やwill を用いた未来を表現する意味や働きの理解している。（○）<br><br>思　週末の予定を友人に提案するために，天気予報を聞いて，天気や気温など必要な情報をとらえている。（○） | 【ワークシートの記述の確認】<br>C：ワークシートに聞き取れた内容をキーワードとしてメモさせる。<br><br>【ワークシートの記述の確認】<br>C：相手の必要な条件を考えさせる。 |
| 2 | 3 | 技　be going to〜やwill を用いた未来を表す表現の意味や働きの理解をもとに，週末の天気予報を聞き取る技能を身に付けている。（○◎）<br><br>思　週末の予定を友人に提案するために天気予報を聞いて，天気や気温などの必要な情報を捉えている。（○◎）<br><br>態　週末の予定を友人に提案するために天気予報を聞いて，天気や気温などの必要な情報を捉えようとしている。（○◎） | 【発言の確認】【行動の分析】<br>C：週末の予定をwill，be going toを使って表現させる。基本的な未来表現を使って活動を入れて考えるように促す。<br><br>【ワークシートの確認・分析】<br>C：天気予報の内容を捉えて，自分が楽しめる週末の予定について考えてみるように促す。<br><br>【ワークシートの確認・分析】<br>C：場面や状況を理解した上で，相手の要望を振り返えらせる。 |
| 3 | 4 | 態　本単元の学習を振り返り，自己の変容や成果をまとめようとしている。（○） | 【発言・ワークシートの確認】<br>C：振り返りシートに自分の足りなかった部分や聞く力を上げるためにどのようなことを今後していく必要があるのかを記入させる。 |

| 主たる学習活動 | 指導上の留意点 | 時 |
|---|---|---|
| ・天気予報の内容について聞く。<br>・学習プランを活用し，本単元の見通しをもつ。<br><br>・天気予報を聞き，聞き取った情報をワークシートにメモする。<br>1回目…天気予報の概要をつかむ。<br>2回目…各地区がどんな天候かをメモする。<br>3回目…週末に何ができるかを考えながら，聞く。 | ・学習プランを示し，学習の流れと身に付けたい資質・能力を共有し，これまでの学習とのつながりを伝える。<br>・ワークシートの穴埋めをすることでキーワードや大切なものを聞き取らせたい。<br>・聞くために必要な情報のキーワードなどをメモさせるようにする。<br>・話者が強調している部分や，間を置く部分はどこなのかを考えさせながら聞かせる。 | 1 |
| ・ALTのモデルリスニングを2回聞き，要望や必要条件を聞き取る。<br><br>・3日間の天気予報を2回聞き，その内容を整理し，ALTに提案する内容を考える。<br><br>・なぜその提案をするのかをワークシートに記入する。<br><br>・グループで考えた提案を発表する。 | ・ALTが何をしたいのか概要をつかみ，ワークシートに記入させる。<br><br>・天気予報から得られた条件を基に，ALTに提案するプランを考えさせる。<br><br>・聞き取れた条件から提案する意味やその理由を書かせる。<br><br>・なぜその提案をするのか理由を説明させる。 | 2 |
| 学習課題<br>天気予報を聞き，留学生の要望に合わせた週末の予定を提案してみよう。<br><br><br>・3人の交換留学生の週末にしてみたい内容を聞いて，ワークシートにメモする。<br>・3人の留学生のどの人に提案するかを決める。<br><br>・週末の天気予報で各地区の天気の情報を聞いて，必要な情報をメモする。<br><br>・聞き取れた情報を基に，自分の提案する週末の予定とその理由をワークシートに記入する。 | ・文ではなくキーワードなどを書かせる。<br><br>・聞き取った条件の中で自分が提案したいものを選ばせる。<br>・週末に活動できる内容を想像しながら天気についての情報を聞き取らせる。<br>・具体的に聞き取れた内容に対して，その提案が妥当かどうかを想起させる。 | 3 |
| ・ワークシートのメモを参考に，即興で他者に提案をしてみる。<br>・単元を通して学んだことをワークシートにまとめる。<br>・Class Notebookに自分のデータを残す。 | ・聞き取った内容を踏まえて発言できているかを確認する。<br>・次に同じような活動を行うとしたら，自分なりに工夫してみたいところを考えさせる。 | 4 |

# 英語科実践例②

## 1　単元を通じて実現を目指す「学びに向かう力」が高まっている生徒の姿

　目的・場面・状況に応じて情報を比べたり，自身の考えたことや感じたこと，その理由などを加えたりしながら，相手へのよりよい伝え方について考えている姿。

## 2　単元について

　本単元では，「話すこと［発表］」に焦点を当て，「修学旅行で日本を訪れる海外の中学校に対して，お勧めの場所を提案する」という学習課題を設定し，情報を読み取り必要な内容を適切な表現を用いて伝えるとともに，理由を加えて自分の意見を述べることを目指す。発表を行う際，原稿を作るのではなく，メモや図にまとめ，それを基に話すように指導する。英文を読むのではなく，メモ等を使いながら自分が伝えたい内容を整理し，自分の言葉で表現することを大切にしたい。

## 3　「指導と評価の一体化」を目指した観点別学習状況のあり方

### （1）「知識・技能」の指導と評価

　教科書の本文を用い，比較表現の使用場面やその意味を確認するとともに，比較表現を使用して教室内にあるものを説明するなど身近な例を多く挙げ，イメージで捉えられるようにする。その後，教科書の本文の音読練習・リテリング活動を行い，単元のテーマの内容理解と学習した言語材料や表現の音と文字の一致を図っていく。また教科書に掲載されているニュージーランドにある都市の面積について書かれた表や日本への外国人観光客の人気活動ランキング，アンケートの調査結果をまとめたグラフを活用し，表やグラフを読み取り，英語で表現する活動も取り入れ

る。第１次の最後には，資料を基に自分の考えを理由とともにペアで伝え合う活動を行う。教科書の本文・資料映像・グラフ等を活用して，多くのインプットを行い，それらを活用して伝えたい内容を的確に表現できるようにする。単元末のパフォーマンス課題の中で，正確な表現を用いて話しているかを評価する。

### （2）「思考・判断・表現」の指導と評価

　学習課題のポイントは，情報を比較しながら，適切な情報について図や表を使ってまとめることと，伝えたい内容を整理し，その根拠や具体例を加えながら自分の言葉として話すことである。そのため，生徒とともに対象や場面，活動の目的を共有し，アンケートの調査結果や観光スポットのガイド等，複数の資料を提示し，目的に合わせて必要な情報を選択させるようにする。パフォーマンス課題において，必要な情報を活用できているか，考えたことや感じたこと，その理由を加えて話せているかを評価する。

### （3）「主体的に学習に取り組む態度」の指導と評価

　学習課題は，生徒が想像しやすいものとなるように，伝える対象や場面等を明確にして共有する。また，グループやペアで発表を行う際には，TPC で録音し，発表後に聞き直せるように蓄積していくことで，自身のパフォーマンスを容易に振り返ることができるようにする。自らの学習の状況を捉え，改善を図ろうとしている姿を，パフォーマンス課題としての発表の様子とワークシートの記述から評価する。

## 4　授業の実際

　第１次では，情報を適切な表現を用いて正

確に伝えること，伝えたい内容を自分の言葉で言い換えること，理由を加えて自分の意見を伝えることを段階的に練習した。教科書の本文を基に比較表現の形式や使用場面を理解した上で，イラストやグラフ等の内容をペアで伝え合う活動を行い，示された情報をできる限り正確に伝えるために比較表現が役立つことを確認した。その後，表現の定着を図るために音読活動を行い，次のリテリング活動へとつなげた。これまでの学習を経て，生徒は教科書の内容を理解し，本文中から重要な内容を選び，本文の表現の一部を抜き出しながら話すことは十分にできる。しかし，今回の単元では，言いたいことを別の表現で伝えるにはどのようにしたらよいか，他にどのような表現を加えると相手により分かりやすく伝えられるかを考えることを大切にした。初めは教科書の表現から離れられず苦戦する様子も見られたが，スクリーンでイラストを共有し，「この部分は他にどんなことが言えそうか」「今の表現もいいけれど，もっと相手に伝わりやすい表現はないか」など考えさせる場面を作ることで，クラス全体で表現の方法のバリエーションを増やすことができた。

2次では，修学旅行で日本を訪れる海外の中学校の希望に合わせ，お勧めの場所を提案する課題に取り組んだ。日本での修学旅行で何がしたいか，設定した4つの学校の生徒のアンケートの調査結果と修学旅行の行き先の候補となっている5つの場所（札幌・箱根・金沢・大阪・福岡）のガイドを準備し，活動を行った。4人班で相手校を分担し，自分が担当する学校の生徒が何を希望しているのかをアンケートの調査結果から読み取り，それを基にガイドを読みながら最も適する場所を選択する。発表する際には，英文の原稿を読むのではなく，自分の言葉で内容を伝えることを大切にし，図や表を活用しながらメモを基に話すようにさせた。発表はTPCを使って録音させ，一回目の発表を振り返る際に

**図1　発表を文字に起こす生徒の様子**

は，音声を聞き直し，自分の発表を文字に起こす活動を行った（**図1**）。言い直しや誤った表現など，自分が話したことを全て書かせ，その上で修正を赤で加筆させることで，自分が繰り返し使用している表現を見つけたり，より正確な表現方法を考えたり，言語面についての意識を高めることができた。

また今回の課題は，相手の学校の生徒に「行ってみたい」，「やってみたい」と思ってもらえることを目的とした。そのため，必要な情報をメモする中で，ガイドからの情報をまとめるだけではなかなか興味をもってもらえないと考え，相手校の国にあるものと比べて伝えたり，提案する場所を訪れた過去の自分の体験談を加えたりするなど，内容面を充実させる工夫を行う生徒の姿が見られた。

単元末の生徒の振り返りには，「相手に正しく情報や意見を理解してもらうためには，言語選択が重要であることが分かった」，「接続詞を効果的に使用することで，相手に分かりやすく伝えることができると感じた」などの記述が見られた。一方で，同じ表現を繰り返し使うことが課題として挙げられる。表現方法の幅を広げていくためには，何度も練習を繰り返し，その中で表現についてのフィードバックを行っていくことが必要である。一つの表現に固執せず，同じ内容でも別の表現で言い換える活動を継続的に行い，豊かな自己表現につなげていきたい。　（山本　早紀）

[資料]　資質・能力育成のプロセス（7時間扱い）

| 次 | 時 | 評価規準 | 【　】内は評価方法<br>及び<br>Cと判断する状況への手立て |
|---|---|---|---|
| 1 | 1<br>｜<br>3 | 知　形容詞や副詞を用いた比較表現の意味や働きを理解している。（○） | 【発言の点検】【ワークシートの記述の点検】<br>C：複数の例文を示し，その共通点を見つけさせる。 |
| | | 技　日本での観光や文化体験について聞いたり読んだりして，お勧めの場所やものを比較表現などを用いて話す技能を身に付けている。（○） | 【行動の観察】【ワークシートの記述の確認】<br>C：理由を伝える際に活用できる表現を，これまでのワークシートから探し，使ってみるように促す。 |
| 2 | 4<br>｜<br>6 | 技　日本での観光や文化体験について聞いたり読んだりして，お勧めの場所やものを比較表現などを用いて話す技能を身に付けている。（○◎） | 【発言の確認・分析】<br>C：自分の発表の音声を聞き直したり，これまでのワークシートを振り返ったりして，より伝わりやすい表現方法について考えさせる。 |
| | | 思　日本を訪れる海外の中学生に「やってみたい」と思ってもらえるように，日本での観光や文化体験について聞いたり読んだりしたことに，考えたことや感じたことを加え，お勧めの場所などを簡単な語句や文を用いて話している。（○◎） | 【発言の確認・分析】<br>C：資料を基に考えられているか，考えとその理由を述べているかを見直すように声をかける。また，メモを作る際は，話すときのイメージをもたせる。 |
| | | 態　日本を訪れる海外の中学生に「やってみたい」と思ってもらえるように，日本での観光や文化体験について聞いたり読んだりしたことに，考えたことや感じたことを加え，お勧めの場所などを簡単な語句や文を用いて話そうとしている。（○◎） | 【発言の確認】【ワークシートの記述の点検・分析】<br>C：小さなことでも必要だと感じたことは，振り返りシートに記入させ，こまめに見返すように伝える。 |
| 3 | 7 | 態　本単元の学習を振り返り，自己の変容や成果をまとめようとしている。（○◎） | 【ワークシートの記述の点検・分析】<br>C：これまでのワークシートの記述を見直させたり，発表の音声や動画を振り返らせたりする。 |

| 主たる学習活動 | 指導上の留意点 | 時 |
|---|---|---|
| [Lesson 5  Things to Do in Japan] NEW CROWN<br>・教科書の本文を聞いたり読んだりして，比較表現の意味や働きを確認する。<br>・スクリーンにグラフやイラスト等を示し，その内容を英語でペアで伝える。聞き手は話し手の伝えた内容をワークシートにまとめる。<br>・教科書本文の音読練習をする。<br><br>・教科書の内容の要点を捉え，自分の言葉で表現し直すリテリング活動を行う。<br><br><br>・日本への海外旅行者に人気がある活動ランキングを基に，最も勧めたい活動について，ペアで自分の意見を伝え合う。 | ・教科書の例に加え，身近な例を多く提示し，表現方法と使用場面について考えさせる。<br>・話し手のみにグラフ等の情報を提示し，情報を正確に伝える意識をもたせる。<br><br>・全体，ペア，個人で音読練習を繰り返し行い，内容理解を深めるとともに，必要となる表現の音の定着を図る。<br>・教科書の本文をそのまま再生する活動にならないように，できる限り内容を分かりやすくしたり，別の表現で言い換えたりするように促す。<br><br>・何をするか，どうしてそう考えたかのか，具体例や選択理由も話させる。 | 1<br>—<br>3 |
| ・学習プランを活用し，本単元の見通しをもつ。<br><br>【学習課題】<br>修学旅行で日本を訪れる海外の中学校の希望に合わせて，お勧めの場所を提案する。<br><br>・班で4つの学校を分担する。<br><br>・それぞれの学校でのアンケートの調査結果や日本の人気がある観光スポットのガイド等の資料を読む。<br><br>・相手の希望を基に，必要な情報と自分の考えをメモにまとめる。<br><br>・班で発表する。<br><br>・発表について振り返る。<br>録音した音声を聞き直し，内容を文字に起こす。よりよい構成や表現方法，メモのまとめ方について考え，共有する。<br><br>・担当する学校を変え，お勧めの場所を考える。<br>・必要な情報と自分の考えをメモにまとめる。<br>・班で発表する。【パフォーマンス課題】<br>発表の様子を録画し，Teamsで提出する。 | ・学習プランを示し，学習の流れと身に付けさせたい資質・能力を共有するとともに，これまでの学習とのつながりを確認する。<br><br>・4人班で4つの学校を分担し，自分が担当する学校に合うお勧めの場所を考えさせる。<br>・1年生で学習した英文の読み方を再度確認し，必要に応じて図や表を活用しながら要点をまとめるように伝える。<br>・提案する場所について，自分の意見だけでなく，担当する学校の生徒の希望をまとめた上で内容を考えさせる。<br>・原稿は作成させず，メモを作成することにとどめ，自分の言葉で話すように指導する。<br>・発表する際は，TPCで音声を録音し，振り返るときに聞き直せるようにする。<br>・自分の意見を支える根拠となるものは何かを見直すように促す。<br>・文字にすることで，文と文のつながりやより自分の考えを正確に伝えることができる表現を考えられるようにする。 | 4<br>—<br>6 |
| ・パフォーマンス課題での提案を企画書にまとめる。<br><br>・本単元の振り返りをする。 | ・発表の動画を見直しながら，自身のパフォーマンスを振り返るとともに，書くことで表現の定着を図る。<br>・目標の達成状況を振り返り，次の課題を明確にする。 | 7 |

# 英語科実践例③

## 1 単元を通じて実現を目指す「学びに向かう力」が高まっている生徒の姿

状況に合わせて，自身がもっている知識や情報から必要なものを選択し，自分の考えを伝えようとする姿。

## 2 単元について

本単元では，「書くこと」の活動に焦点を当てる。これまでに行った「聞くこと」や「読むこと」のインプットをする活動を通して身に付いた言語知識を活用して，「書くこと」によるアウトプットをする活動を行う。鎌倉での英語ボランティアに応募するために，自分の得意なことや英語でできることなどをアピールポイントとしてまとめ，自己PRカードに書く。活動内で生徒同士のフィードバック活動を充実させることで，内容面・言語面において適切な自己PRカードの完成を目指す。具体的には自己PRカードに対して，セルフチェック，生徒同士によるピアフィードバック，JTEやALTによるフィードバックの３パターンのフィードバックを，段階的に設けながら自己PRカードを完成させる。フィードバック活動では，チェック項目が示されているfeedbackシートを活用する。

## 3 「指導と評価の一体化」を目指した観点別学習状況のあり方

### （1）「知識・技能」の指導と評価

はじめに，自己PRカードを書く際に必要な表現を学習するために，様々なボランティア活動に応募するための自己PRカードを読ませる。その後，学習した表現を用いて自己PRカードを書く。また，ピアフィードバックの練習として，自己PR文の例に対して，

どのような修正，コメントをすればよいかを確認し，生徒自身によるセルフチェックや生徒同士のコメントによって，自己PRカードの内容を充実させることを目指す。教師は，ワークシートの記述の確認や机間指導の際にフィードバックを与えることで，誤った使用をしていた場合の修正を行う。ただし，直接は修正せず，簡単な例などで示して，生徒自身が誤りに気付くことを促していく。

授業で扱った内容と類似した問題を定期テストで出題し，目的・場面・状況に応じた適切な言語材料を理解し，使用しているかを総括的な評価とする。

### （2）「思考・判断・表現」の指導と評価

本単元は提示された条件と自身が英語を使ってできることを組み合わせて考え，自己PRカードを完成させることを通して，説得力のある文章を書く力を身に付けることをゴールとする。そのためには，情報を整理し，相手に自分の能力を伝えることが必要である。フィードバック活動による複数回の書き直しの際に，情報整理のポイントや意見の表現の仕方を指導する。情報を整理することが難しいと感じる生徒には，表にまとめたり，例を基に情報の取捨選択し，必要な情報は何かを考えたりするように促す。

定期テストで出題された内容に対する解答を，学習プランで示したルーブリックをもとに確認し，与えられた条件に合った自己PRができたかを総括的な評価とする。

### （3）「主体的に学習に取り組む態度」の指導と評価

ルーブリックと照らし合わせた自己評価，相互評価，教師からのフィードバックなど様々なチェックの場を設けることで，自身の学びを振り返り，修正できるようにする。振

り返りでは，資質・能力の育成に向けて自分の学習をどのように調整したかを記録し，どのような場面・状況においてこれらの資質・能力を生かすことができるかを確認する。

## 4　授業の実際

はじめに，自己PR文の例を見せ，どのような情報が含まれているかを確認した。さらに，自分がボランティアを採用する側だとしたらどのような情報が欲しいか，また，どのような自己PR文であったら，採用したいかについて考えさせた。

次に，フィードバック活動の練習として，チェックリストを基に自己PR文の例を示し，どのように改善できるかを考えさせた。「実力を証明する根拠が書かれていない。」や「実際にあったエピソードを入れると良いのではないか。」といった内容面に関する具体性を求めるコメントがあげられていた。友達の自己PR文を確認するときや，自己PR文を書くときに生かされていた。この例示によって，文を書くことが難しいと考える生徒や，ほかの人の英文をチェックすることを負担に感じている生徒にとって，事前にポイントを共有できることが安心感につながっていたようである。また，授業の振り返りには「feedbackシートを活用することで，自分で修正すべき点に気が付くことができた。」や「feedbackシートを使うことによって，友達の自己PR文に対しても，良いアドバイスができたと思う。」などの記述があり，受け身ではなく，積極的に活動に取り組んでいる様子がわかった。また，授業を重ねるごとにfeedbackシートを活用しコメントし合うことを通じて，表現の幅が広がっている様子も見受けられた。生徒同士による学び合いによ

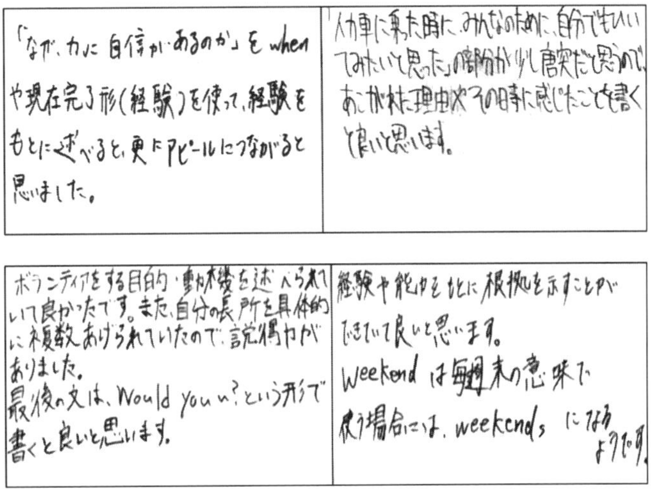

図1　自己PR文への生徒同士のコメント

って多くの表現を学習し，対話の目的・場面・状況に合った表現を選択し，自己PR文を完成させようとしていた（図1）。

パフォーマンス課題に至るまでに多くあった間違いについては，JTEやALTで共有し，適切に使用できるように基礎的なルールを再確認した。生徒は，セルフチェック，ピアフィードバック，ティーチャーフィードバックという段階を踏むことで，よりよい自己PR文を作成することができていた。また，様々なフィードバックを取り入れることによって，教師にとっては，負担が軽減されたように感じる。

毎回の授業の振り返りの際には，Class Notebookを活用することで，ホワイトボードを用いてグループ内で共有した内容についても写真を撮り，記録に残すことができた。生徒が学習内容を確認する必要があると感じた時に，これまでの学習の記録に容易にアクセスすることができるため，Class Notebookを活用した振り返りは効果的であると考えられる。

今後は書いたことを元にインタビューを行い，「話すこと」の力を身に付けることができるような授業を構想していきたい。

（塚本　麻衣子）

[資料]　資質・能力育成のプロセス（6時間扱い）

| 次 | 時 | 評価規準 | 【　】内は評価方法 及び Cと判断する状況への手立て |
|---|---|---|---|
| 1 | 1 — 2 | 知　目的や場面，状況に応じた適切な言語材料を理解している。（○）<br><br>思　ボランティアに応募するための自己PRカードを書くために，様々な条件や情報を整理し，自分の考えを簡単な語句や文を用いて書いている。（○） | 【発言の点検】【ワークシートの記述の点検】<br>C：様々な状況における自己PR文を示し，どのような言語形式・表現が使用されているかを確認させる。<br>C：例として示した自己PR文の構成について確認させ，どのような表現が多く使用されているかを考えるように促す。 |
| 2 | 3 — 5 | 技　自己PRカードを書くときに，適切な言語材料を用いて，自分のアピールポイントを伝える技能を身に付けている。（○◎）<br><br>思　ボランティアに応募するための自己PRカードを書くために，様々な条件や情報を整理し，自分の考えを簡単な語句や文を用いて書いている。（○◎）<br><br>態　ボランティアに応募するための自己PRカードを書くために，様々な条件や情報を整理し，自分の考えを簡単な語句や文を用いて書こうとしている。（○◎） | 【ワークシートの記述の確認・分析】<br>C：英語を用いてできることについて整理できない場合には，自分の得意なことをマッピングし，ボランティアとして何ができるか考えさせる。<br><br>【ワークシートの記述の確認・分析】<br>C：与えられた条件や情報を再度確認させ，英語ボランティアに必要な能力について考えるように促す。<br><br>【ワークシートの記述の確認・分析】<br>C：ピアフィードバックや教師によるフィードバックの内容を確認させ，改善点について考えさせる。 |
| 3 | 6 | 態　ボランティアに応募するための自己PRカードを書くために，様々な条件や情報を整理し，自分の考えを簡単な語句や文を用いて書こうとしている。（○◎） | 【振り返りシートの記述の確認・分析】<br>C：これまでに使用したワークシートを見直し，自己の取り組みの履歴を確認するように促す。 |

| 主たる学習活動 | 指導上の留意点 | 時 |
|---|---|---|
| [教科書Lesson 4　USE Write（NEW CROWN）]<br><br>学習課題①<br>ボランティア活動に応募するための様々な自己PRカードを読み，自己PRカードの書き方を知ろう。<br><br>・内容面・言語面で必要な点を修正する。<br>・互いの自己PR文をフィードバックする練習として，自己PR文の例を読み，他にどのような情報があると良いかを考える。<br><br>・学習プランを活用し，本単元の見通しをもつ。<br><br>・学習課題②のフィードバック活動で使用するフィードバックシートのチェック項目の内容をグループで確認する。 | ・募集内容や条件を確認させ，募集側の視点からどのような人がボランティアに求められているかを考えさせる。<br>・読む側の意識をもたせ，どのような表現がわかりやすいかを確認させる。<br><br>・学習プランで，身に付けたい資質・能力を確認し，本単元のゴールを明確にする。 | 1<br>\|<br>2 |
| 学習課題②<br>鎌倉での英語ボランティアに応募するための，自己PRカードを書こう。（駅案内・神社・人力車）<br><br>・鎌倉での観光案内を目的とした英語ボランティアをする場所を選択し，その場所で自分ができることについて表にまとめる。<br>・Opening・Body・Closingの3つに分けて，書く内容を整理し，文章を書く。<br>・内容面・言語面に関して，第1次で確認したフィードバックシートを使用してセルフチェックを行う。<br>・フィードバックシートを使用して，ピアフィードバックを行う。内容面に関する指摘はコメントを書き，言語面に関しては，誤っている箇所に線を引く。<br>・JTEやALTからのフィードバックを受ける。<br>・これまでのフィードバックを基に，修正点を意識しながら書き直す。<br><br>学習課題③<br>日本に来たばかりの外国人の小学生の放課後をサポートするスタッフに応募するために，自己PRカードを書こう。（日本語指導・合唱・ダンス） | ・鎌倉で英語を使用するボランティアにどのようなものがあるか例を示す。<br><br><br><br>・ピアフィードバックでは，生徒の熟達度によって内容に差が出ないように，4人グループで行い，複数からフィードバックが受けられるようにする。<br>・書き直し活動が丸写しにならないように，何が問題点で修正が必要であったかも記入させる。<br><br>・毎回の振り返りはClass Notebookに書き，自己PRカードはその都度写真として記録に残し，学習の過程が残るようにする。 | 3<br>\|<br>5 |
| ・課題を通して，工夫した点や最初に書いた自己PRカードと最後に書いたものがどのように変化したかについて振り返らせ，Class Notebookの振り返りシートにまとめる。 | ・この課題を通して身に付いた力を今後どのような場面で生かしていけるかを，振り返りを通して考えさせる。 | 6 |

学 校 保 健

● 「認知行動療法を応用した健康相談活動」

## 1　研究の概要　「認知の歪み」が引き起こす不適応の改善を目指して

　生徒の様々な訴えに対する健康相談活動や教育相談，特別支援教育や生徒指導等において，生徒が抱えている感情によって引き起こされる行動の問題に焦点を当てると，教室でパニックに陥る，攻撃的言動がある，自傷行為がある，落ち着いて学習できない，教室にいられない，友達とうまくいかない，指示に従えない等があり，集団不適応を起こしていると考えられるケースが多い。また，集団不適応が登校渋りや不登校につながっていると考えられるケースも少なくない。

　このような行動の問題を引き起こしているケースで，例えば，「学校が全然楽しくない」「自分はみんなに嫌われている」「いつも怒られている」「自分は何もできないダメな人間だ」などの悲観的で否定的な訴えがあるにもかかわらず，それが目に見えている生徒の実態と異なっている場合には，何らかの「認知の歪み」が存在している可能性が考えられる。「物事の受け取り方」＝「認知」，それが極端で現実的でなく，バランスが悪い状態であることが「認知の歪み」であり，認知行動療法は，この「認知の歪み」にアプローチして認知過程を変化させ，それによって心理的悩みや不適応的行動を低減させることを目指す心理介入法である。保健室での健康相談活動において，生徒の不適応状態を改善するために新しい思考や行動のパターンを学習することを目的として，生活する上で役立つ思考や行動のスキル学習を基本とした心理行動療法を応用している。

## 2　実践の様子

　保健室での認知行動療法を応用した健康相談活動は，主に次の流れで行っている。

> 「認知の歪み」を理解する→感情に働きかける→行動に働きかける

　ある状況や出来事によって，①どんな考えが浮かんできて，②どんな気持ちになり（それぞれの気持ちの点数も），③体はどんな反応をして，④どんな行動をとったかを生徒と一緒に振り返っていく（**図1**）。

〈「認知の歪み」を理解する〉

　①「考え」に「認知の歪み」が認められる場合は，どのような「認知の歪み」をもっていて，どのくらい深刻なのかを，**図2**を用いて評価する。**図2**の1〜10は，1976年に心理学者のアーロン・ベック（Aaron Temkin Beck）によって基本的な理論が提唱さ

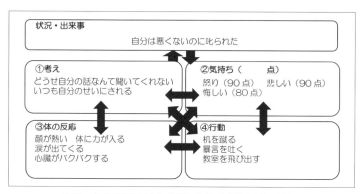

図1　認知行動療法を応用した健康相談活動の流れ

| | | |
|---|---|---|
| 1 | 全か無かの思考 | 物事を白か黒か、0か100かという極論化する考え方 |
| 2 | 一般化のしすぎ | 一度自分に起こったことがこの先もずっと繰り返されると思い込む |
| 3 | 結論の飛躍 | 事実からは導き出されないはずの悲観的な結論に飛躍してしまう思考 |
| 4 | 心のフィルター | ネガティブな色眼鏡をかけたまま世界の全てを見るような状態 |
| 5 | マイナス化思考 | よい出来事を無視、あるいは悪い出来事にすり替えてしまう思考 |
| 6 | 拡大解釈と過小評価 | 対象となる物事について、不必要に拡大してとらえたり、縮小してとらえたりする<br>悪いことが起きると全てが台無しになったように考えるのが拡大解釈、成果を矮小化するのが過小評価 |
| 7 | 感情的決めつけ | 事実よりも自分の憂鬱な感情を優先させて、それが事実であるかのように考える |
| 8 | すべき思考 | 何かをしようとするときに「〜すべき」「やらなければならない」と考える |
| 9 | レッテル貼り | 「一般化のしすぎ」を極端な形にしたもので、人の価値を、その人の特定の性質や行為で決めつけよう<br>とする考え方 |
| 10 | 個人化 | 悪い出来事が起きたとき、理由もなく自分のせいにする考え方 |

図2 「認知の歪み」の代表的な10項目

れ，その後にデビッド・バーンズ（David D. Burns）が様々な例やパターンにかみ砕いて「認知の歪み」の概念を広めていったうちの，代表的な10項目である。

〈感情に働きかける〉

②「気持ち」から不快で複雑な感情に気付いてもらい，どんな①「考え」からそのような感情が起こり，その時にどんな③「体の反応」が起こって，どんな④「行動」をとってしまうのか，また，その「行動」によってよい結果がもたらされていないことに気付かせ，どのようにしたらよい行動に変化させられるかを一緒に考える。

〈行動に働きかける〉

「認知の歪み」→「不快で複雑な感情」→「身体症状」＋「不適切な行動」という一連の流れに加えて，いつ・どこで・誰と・どんな場面でそれは起こるのかを振り返り，どのような行動が適切だったのか，もし次に同じような場面に遭遇したらどう行動するのかを一緒に考えながら，適切な行動に至る感情や，その感情に至る考え方について理解を促し，ロールプレイ等を行う。また，「不適切な行動」に結びつく「不快で複雑な感情」が沸き起こった時の対処法（落ち着く呼吸法やその場を離れる，保健室に来る等）についても一緒に考え，準備をしておく。

## 3　成果と課題

保健室に来室した生徒に対して認知行動療法を応用した健康相談活動を行っているが，生徒はセルフコントロールのスキルを獲得し，安定した生活態度につながっている。今後は来室していない生徒の支援にもつながるよう，認知行動療法を活用した保健教育も行っていきたい。

●参考文献

1）ポール・スタラード著・下山晴彦監訳『子どもと若者のための認知行動療法ワークブック』金剛出版，2020年

2）松浦直己『教室でできる気になる子への認知行動療法』中央法規出版，2020年

# おわりに

　新型コロナウイルス感染症の影響で，学校生活に制限がありましたが，今年度に入り，体育祭や学芸祭，そして宿泊行事等が，従来の形ではないにせよ，予定どおりに実施できました。これからの教育では協働的な学びが必然となっており，カリキュラムマネジメントに欠くことができません。緊急事態宣言下で1人1台端末によるオンライン授業を行っていたときも，本校ではグループに分かれるなど，協働的に学習していました。対面授業が再開されてからも，感染症対策を講じながら協働的な学びを行っています。

　研究テーマ「これからの学校のあるべき姿を追究する」ことを研究主題に据え，3年目となる今年度は「生きて働く［知識・技能］を育む指導と評価」という副主題を設定し，教科等の学習評価の観点のもととなる三つの柱のうち，［知識・技能］と他の2観点との関連を明らかにしながら，資質・能力の確かな育成を目指すこととしました。

　本校の研究は月に1回，2～3時間の全体会議と各自の実践を組み合わせて行っています。校内研修で指導内容の確認や学習評価のモデレーションも行い，その都度，職員の反省を基にして評価・改善を行ってきました。全体会議には校長，副校長，校内教頭もワーキングを含めて参加をします。神奈川県・横浜市・川崎市各教育委員会から着任をした職員同士の意見交換等は高次で大変楽しい時間となっています。

　日頃の職員の会話の中に「指導と評価の一体化」と言う言葉がしばしば出ていました。生徒が「何を学んだか」「何ができるようになったか」を測るためには，「どう学ぶか」を大切にした上で，教師と生徒それぞれが評価の在り方を確認しておく必要があり，指導と評価は切り離すことができません。授業の目標，資質・能力が育成された姿が本校では明確です。

　研究に基づく実践を進める中で，生徒の学習における課題の論点を掴む力が育まれています。これは教師からの工夫された発問等が必要で，一人ひとりの力量が求められる一場面です。また協働的な学びから，話し合いの場面でお互いの意見を伝えやすい環境づくりや，各々の理解ができるようになり，安心できる学校づくりにもつながっていることを感じます。

　本書に掲載した各教科等の理論・実践・プロセスは，本校の教育活動の一部分です。本書を手に取っていただいたことが中等教育の前期段階における授業改善，教育課程改善の一助となれば幸いです。

　最後になりますが，本研究にご指導いただいた学習院大学の秋田喜代美先生をはじめ，文部科学省視学官の藤野敦先生，神奈川県及び各市町村教育委員会の指導主事の先生方，横浜国立大学教育学部等の先生方に深く感謝申し上げますとともに，引き続き本校の取組に対するご指導・ご鞭撻をいただけますようお願い申し上げます。

　令和5年2月

横浜国立大学教育学部<br>
附属横浜中学校<br>
副校長 野 中 幹 子

＜執筆者一覧＞

横浜国立大学教育学部附属横浜中学校
　　松 原　雅 俊（校長）
　　野 中　幹 子（副校長）
　　和 田　真 紀（主幹教諭　保健体育科）
　　土 持　知 也（教諭　国語科　研究主任）
　　柳 屋　　亮（教諭　国語科）
　　橋 本　香 菜（教諭　国語科）
　　村 越　　俊（教諭　社会科）
　　礒　　崇 仁（教諭　社会科）
　　松 本　裕 介（教諭　数学科）
　　工　　健太郎（教諭　数学科）
　　八 神　純 一（教諭　数学科）
　　中 畑　伸 浩（教諭　理科）
　　神 谷　紘 祥（教諭　理科）
　　佐 塚　繭 子（教諭　音楽科）
　　谷 田　恵 実（教諭　美術科）
　　松 山　晴 香（教諭　保健体育科）
　　長 島　健二朗（教諭　保健体育科）
　　佐々木　恵 太（教諭　技術・家庭科　技術分野）
　　池 岡　有 紀（教諭　技術・家庭科　家庭分野）
　　齊 藤　大 行（教諭　英語科）
　　山 本　早 紀（教諭　英語科）
　　塚 本　麻衣子（教諭　英語科）
　　三 村　菜津美（養護教諭）

これからの「学校」のあるべき姿を追究するⅢ

指導と評価の一体化を実現する
授業事例集

2023年3月15日　初版第1刷発行

編著者　横浜国立大学教育学部附属横浜中学校 ©
発行人　安部英行
発行所　学事出版株式会社
　　　　〒101-0051　東京都千代田区神田神保町1-2-5
　　　　電話　03-3518-9655
　　　　HPアドレス　https://www.gakuji.co.jp
編集担当　丸山英里
装　丁　岡崎健二
印刷・製本　精文堂印刷株式会社